英汉语言文化对比视角下的英语翻译研究

桂 念 李 晶 马 萍 著

全国百佳图书出版单位  吉林出版集团股份有限公司

图书在版编目（CIP）数据

英汉语言文化对比视角下的英语翻译研究／桂念，李晶，马萍著. -- 长春：吉林出版集团股份有限公司，2023. 7

ISBN 978-7-5731-3775-3

Ⅰ. ①英⋯　Ⅱ. ①桂⋯ ②李⋯ ③马⋯　Ⅲ. ①英语-翻译-研究　Ⅳ. ①H315. 9

中国国家版本馆 CIP 数据核字（2023）第 131768 号

YINGHAN YUYAN WENHUA DUIBI SHIJIAOXIA DE YINGYU FANYI YANJIU

英汉语言文化对比视角下的英语翻译研究

著：桂 念 李 晶 马 萍

责任编辑：朱 玲

封面设计：冯冯翼

开　　本：720mm×1000mm　1/16

字　　数：240 千字

印　　张：13

版　　次：2023 年 7 月第 1 版

印　　次：2023 年 7 月第 1 次印刷

出　　版：吉林出版集团股份有限公司

发　　行：吉林出版集团外语教育有限公司

地　　址：长春市福祉大路 5788 号龙腾国际大厦 B 座 7 层

电　　话：总编办：0431-81629929

印　　刷：吉林省创美堂印刷有限公司

ISBN 978-7-5731-3775-3　　定　　价：78.00 元

前　言

　　语言是人类交际的重要工具，它与人类的诞生几乎是同步的。语言与文化之间存在着紧密的联系，两者之间相互影响、相互作用、相互制约。语言是文化的载体，也是文化的风向标，语言记载着文化的演变，对保存文化、传播文化具有十分重要的作用。文化是语言的灵魂，文化影响着语言的句法结构、语篇构成、修辞使用、表达方式。实际上，语言是一种特殊的文化，其背后蕴含着丰富的文化。人们要想了解和学习一种语言，就应该将其置于具体的文化语境中进行研究。

　　随着经济全球化的发展，跨文化交际的重要性日益凸显。英语作为国际通用英语，在世界各国的交流与合作中起着不可替代的作用。英语和汉语是两种不同的语言，其文化也存在着很大的差异，具体主要体现在词汇文化、句法文化、语篇文化、修辞文化、语用文化、社会文化、习俗文化、生态文化等方面。而对比是研究英汉语言文化差异的有效方式，对英汉语言文化差异研究具有重要的意义。

　　在跨文化交际时代，人们不仅关注英汉语言文化差异，还十分重视英语与汉语之间的转换。翻译，作为语言转换的媒介，在英语和汉语语言转换、文化传播中扮演着至关重要的角色。英语翻译是一项复杂的工作，是跨语言、跨文化的交际活动。如果仅关注英语翻译，就会遇到很多文化障碍。而如果从英汉语言对比视角入手对英语翻译进行研究，就可以避免翻译中的文化障碍，保证跨文化交际的顺利进行。因此，如何对英汉语言文化进行对比，如何选择翻译技巧，如何实现英汉语言文化对比与英语翻译的有效融合，是当今语言界与翻译界必须重视的问题。基于此，笔者在总结前人研究成果及自身多年科研经验的基础上系统梳理了英汉语言文化对比与英语翻译的相关知识，并编纂了此书，以期能够为英汉语言文化对比与英语翻译研究提供有益借鉴。

　　本书共分九章。第一章主要从语言、文化、翻译入手，探讨了文化与语言、翻译之间的关系，为英汉语言文化对比与翻译研究奠定了基础。第二章到第八章主要以英汉语言文化对比为视角，对英语翻译问题进行了系统论述。具体而言，对英汉词汇文化、英汉句法文化、英汉语篇文化、英汉修辞文化、英汉语用文化进行了对比分析，并提出了具体的翻译方法；探讨了节日文化、服饰文化、英汉色彩文化、英汉委婉语等英汉文化差异，并相应的翻译进行了具体剖析。第九章主要探索了翻译人才的目标、模式以及具备的能力，指出翻译人才存在的问题，并提出相应的对策，同时还探讨了英语翻译人才培养的方向——复合型人才培养，为英语翻译研究提供了保障。

总之，本书以英语翻译为核心，从不同的英汉语言文化层面对英汉文化进行了对比，并有针对性地提出了不同的翻译方法或策略，为英语翻译提供了多维视角。在写作过程中，笔者查阅了很多国内外资料和文献，吸收了很多英汉文化对比与翻译研究的最新研究成果，借鉴了大量学者的观点，在此表示诚挚的感谢！由于英汉语言文化的复杂性，再加上笔者能力有限，书中难免存在不足之处，请广大读者批评指正。

目　录

第一章　语言、文化与翻译

翻译是不同民族进行语际交流的实践活动。随着翻译理论和实践的发展，人们逐渐认识到翻译实际是一种跨语言、跨文化的交际活动，既包括语言的转换也包括了对不同文化的正确诠释，所以语言、文化和翻译是辩证统一的关系。本章主要对语言、文化与翻译的相关知识进行了系统论述。

第一节　语言

一、语言的定义

从表面上看，语言实际上就是一种用来进行言语交际的方式，这是其最直接的定义。语言之所以具有工具性，是因为其作为一种交际方式，同文字一样，都具有目的性。语言作为一种社会符号，其交际的有效性取决于使用者，当语言使用者与接收者对相关要素，比如，非语言提示、社会文化角色、动机等，产生同一理解时，语言便能够发挥交际功能了。从这方面看，社会性与约定性是语言的主要特征。语言的学习与使用取决于生物、认知、心理和环境等各种因素。简而言之，语言比任何动物交际系统都复杂得多，是语言把人与动物区分开来的。①

二、语言的属性

（一）语言的自然属性

语言是一种符号系统，语义是其内核，语音是其物质外壳。语义和语音之

---

① 佟丽莉. 语言学与英语翻译教学的多维度探析［M］. 西安：陕西科学技术出版社，2020：14.

间的联系是任意的。语言符号可以切分出清晰的单位，符号与符号之间可以组合，且符号间的组合是呈线性的。语言符号具有生成性，有限的符号通过有限的规则可以生成无限的句子，表达无限的意思。

（二）语言的社会属性

语言是一种交际工具，其第一职能就是交际，信息的传达和思想情感的表达离不开语言。与其他交际工具相比，语言具有方便使用、容量大的特点。但语言也有其局限性，有时也难以很好地表达某些思想和情感。语言属于全民性的交际工具，一视同仁地为全体社会成员服务，不分年龄、性别、民族。

语言在社会中产生，并在社会中被广泛应用。它随着社会的发展变化而变化。每个社会都有自己的语言，生活在同一社会群体的人们也往往使用同一语言来交际。但由于社会群体的差异，在相对较大的社会群体中语言也可能会产生阶层变异或地域性差异，地域性变异就是所谓的地域方言，阶层变异就是所谓的社会方言。

从某种意义上来讲，语言是一个社会的折射，通过语言研究可以了解社会心态，可以观察社会现象。反过来讲，社会现象在语言系统中也会有所体现，社会现实对语言的表达会产生一定的影响。

语言是全民用于社会交际的工具，它服务于不同民族、性别、年龄、文化程度、社会阶层的社会全体。

（三）语言的心理属性

语言是人类进行理性思维的重要工具，如果没有语言，人的理性思维就难以进行下去；但反过来，如果离开了理性思维，人的语言就会失去依靠，就会失去逻辑性。可以说，理性思维是语言存在并正常运行的基础，如果思维发生故障，那么语言能力也会随之受到巨大的影响。

三、语言的特征

（一）任意性

任意性，指的是语言的符号形式与其所蕴含的意义之间的联系并非与生俱来。具体来说，语言的任意性是具有不同的层次的，主要包括语素音义关系的任意性、句法层面上的任意性。

（二）创造性

创造性，指的是语言的生产能力，这一特点源自语言的二层性和递归性。

例如，与交通信号灯相比，语言要复杂得多，就是因为交通信号等只具备固定的意义，而语言则可以产生众多新的意义。在语言中，我们可以发现众多的例子来证明，当词语以一种全新的方式来表达时，便能够产生全新的意义，而且这种意义可以被人们轻而易举地理解。而通过观察其他动物，可以发现，无论是鸟、蜜蜂、蝴蝶，还是猫、狗、猴子，他们都只能用固定的交际符号来传递非常有限的意义。这说明，语言不仅仅是一个简单的交际系统，更是一个具备创造性的交际系统，否则，其他动物的交际符号也就能够叫作语言了。这正体现了人类语言交际系统的创造性。语言的创造力与其所具备的二层性存在一定的联系，通过对二层性的利用，说话者可以通过各种各样的方式将基本语言单位组成无限多的句子，也包括以前不存在的全新的句子。

此外，语言的创造性体现在它具备创造出无限长的句子的能力，语言的递推性为这种能力的存在提供了最好的证明。

（三）二重性

语言的二重性是指语言具有两层结构层次，上层结构的单位是由底层结构的元素组成的，每层结构又有各自的构成原则。[①]

一般来说，话语的组成元素是本身不传达意义的语音，语音的唯一作用就是相互组合构成有意义的单位，如词。我们把语音称为"底层单位"，与词等上层单位相对立，因为底层单位没有意义而上层单位有独立明确的意义。二重性只存在于这样的系统之中，既有元素又有它们组合所成的单位。许多动物用特定的声音交际，它们都代表相应的意思。所以，我们说动物交际系统不具备这一人类语言独有的区别性特征——二重性。正因如此，从人类角度来看，动物的交流能力受到很大的限制。

说到二重性，我们就必须注意到语言的层次性。例如，在听一门我们不懂的外语时，我们会认为说话者流利的话语是持续、不间断的语流。其实，没有任何一种语言是没有间隙的。要表达分离的意思就必须有分离的单位，所以要对一门新的语言解码首先要找到它的单位。音节是话语的最小单位。音节之间的结合可以构成数以千计的语义段，也就是词的组成部分，被称为"语素"，如前缀 transi-，后缀-ism 等。有了大量的词，我们就可以联系更多的意义，进而组成无数的句子和语篇。

总之，语言的二重性对于人类语言有着巨大的能创性。人们仅用为数不多

---

① 刘爱玲，魏冰，吴继琴．英语语言学与英语翻译理论研究［M］．长春：吉林出版集团股份有限公司，2020：11.

的几个元素就可以创造出大量不同的单位。例如，一套语音系统（如英语的48个语音）可以产生大量的词，运用这些词又可以产生无穷的句子，不同句子的有机组合又能形成不同的语篇。

四、语言的功能

（一）命名功能

所谓命名功能，主要指的是语言被用作标识事物或事件的手段。赋予个人体验以名称，这是人类的一种强烈的心理需求，这种需求蕴含着重大意义。大部分小孩子对掌握生词有一种迫切的要求，这一点也就表明了掌握鉴别事物的符号的重要性。

在人类还没有产生语言之时，世界万物在人类的心目中也会留下不同的印象，从而人们可以感觉到它们之间的差异，并且通过不同形象的识别来分辨它们，但人类却无法表达出来。也许在人们的大脑中只存在一些有关这些事物的简单的意会，而且没有标识的事物一旦多起来，就会造成混乱。在这种情形下，人们就有了为事物命名以示区别的客观需要，一些名称相继出现。随着语言的诞生和不断完善，为事物命名以及赋予事物以意义，这些问题就得到了很好地解决，使得人类的记忆力得以提高，进而促进了人类智力的发展。

（二）建模功能

建模功能是指语言被用作构建反映客观现实的认知图式的手段。随着人类的认知能力和语言表达能力的提高，以及语言文化的发展，词语就能提供一种观察世界的图式结构，因此全部词语符号系统就形成了反映大千世界的模型。在这个模型中，词语可分成若干层次，当代语言学称层次在下的词为"下义词"，层次在上的词为"上义词"。最底层的词语指的是具体事物，层次越往上，词语所指的范围就会越来越广泛。上义词和下义词也是相对而言的。随着新事物的出现，曾经的下义词可以变为上义词。例如，在远古时期，"树"只是个孤零零的无法再分的下义词，随着人类认识能力的增强，人们发现"树"可以分为很多种类，包括"松树""柏树""杨树"等，如此"树"这个词就升级成了上义词。这种由上义词、下义词构成的词语系统全面地反映了大千世界的事物类型。语言的建模功能不仅提升了人类认识客观世界的能力，同时也促进了人类语言能力的提升，从而增强了人类对自身主观世界的认识能力。

（三）认知功能

认知功能是指语言被用作思考的手段或媒介。它是语言最重要的功能。人们的思维活动是以语言为载体进行的，即用语言进行思维。一切复杂的、精密的、抽象的思维都离不开语言。语言帮助人类进行抽象、推理、判断、分析、比较、概括等更高层次的思维，从而使人类的头脑越来越发达，进而创造出丰富多彩的物质文明和精神文明，构筑灿烂的文化。

（四）煽情功能

煽情功能是指语言被用作煽情的手段。在很多情况下，人们运用语言只是想打动听话者的心弦，影响他们的情绪。所用词语的联想意义或内涵意义越是丰富，就越能达到煽情的目的。例如，政治家的语言可以鼓舞国民的士气而使他们同仇敌忾，广告宣传员的语言可以勾起消费者的购买欲，慈善活动组织者的语言可以触动人们的恻隐之心。总之，通过选用恰当的词语，发话者可以有效地激发受话者的情感，所激发的情感范围不受限制。

需要强调的是，语言的五种社会学功能在具体运用中是相互联系的。通常，语言会同时涉及几种功能，只是各种功能所占的比例不同。

（五）陈述功能

陈述功能指的是语言被用作说明事物或事件之间的关系的手段。随着人类文明和社会的发展，仅有命名功能还不足以满足人们的交际需求。现实生活中人、事、物之间总是发生着各种隐含或外显的关系，而且人们往往有表达这些关系的需求。于是，最初人类就采用一些主谓句式或者"话题—评述"的功能语法结构等来表达事物之间的关系，从而形成一个个命题。但是通常情况下，一个命题无法满足人们交际的需要，于是人们就创造出若干命题，从而形成了篇章。因此，人类就慢慢学会了如何表达复杂的命题。

（六）人际功能

人际功能是语言不可或缺的社会功能之一，以这一功能为基础，人们能够巩固社会地位。就功能语法框架而言，在语境中，发话人对自己所发表的话所持有的观点以及与受话人之间的互动关系才是人际功能所关注的重点。

与人际功能相关的就是身份表达的功能。比如足球比赛中人群的叫喊、公共集会上高呼名字和口号、安排好的观众对电视比赛的反应都是信号，表明我们是谁、我们在哪里。语言标明我们的身份：生理上是年龄、性别和声线；心理上是谈吐、个性和智力；地域上是口音和方言；伦理和社会上就是社会阶层、阶级、角色、团结和疏离。

（七）思维功能

语言是思维的工具。人类的思维可以分为三种类型：动作思维、形象思维和逻辑思维（抽象思维）。任何思维都必须凭借一定的思维工具才能发挥作用，这三种思维凭借的思维工具各不相同。动作思维凭借的主要是现场情景，形象思维凭借的主要是事物的形象和表象，逻辑思维则主要是运用概念、判断、推理等方式。而概念、判断、推理是由词语、句子乃至篇章等语言形式构成的，因此，逻辑思维所凭借的思维工具主要是语言。人们在进行思维活动时，往往混合、交替使用这三种类型的思维，而逻辑思维的使用领域是最广泛的，人们几乎离不开它。因此，从这个意义上说，语言是最重要的思维工具。

（八）表达功能

表达功能是指语言被用作表达主观感受的手段。它可以是简单的词语，也可以是短语或完整的句子。它是人们对事物做出的强烈的反应，也就是人们对生活中喜怒哀乐等情感的表达。

语言的表达功能也可以指人们仔细推敲词句结构、韵律、语篇框架等，以达到传达内心情感的效果，如演讲词、散文等。这样，语言就具有了美学意义。

（九）审美功能

人类不仅仅使用语言，还赋予了语言审美功能，这就是所谓的语言的美感。例如，"听歌""听歌曲""聆听歌曲""聆听歌"，这四种表达虽然意思类似，句法也均无错误，但在实际表达中人们很少会使用"聆听歌"这一表达，因为它并不符合汉语表达的审美要求。

语言的审美功能还可以通过比喻、拟人、排比等修辞手法来实现，以美化语言，彰显语言的艺术美感。

第二节　文化

一、文化的定义

文化是人的活动及其文明成果在历史长河中自觉或不自觉地积淀或凝结的稳定的生存方式。从不同的角度来看，文化的定义不同，就广义角度而言，人类在几千年的历史长河中为社会发展所创造的财富就是文化，这里的财富既包括物质财富，也包括精神财富。就狭义的角度而言，人类的精神生活领域就是所谓的文化，主要包括社会的意识形态以及相关的组织机构和制度。[①]

二、文化的特征

（一）符号性

从本质上看，人类实际上就是一种"符号的动物"，这主要是因为他们的思维与行为都是符号化的，从这方面看，人类运用符号创造了文化。也就是说，文化是人们利用符号所习得的知识。人类在创造文化的过程中，不断加深对事物以及现象的认识，同时将这些理解转变为具体的行为方式，并赋予这些行为方式一定的象征意义，进而形成文化符号，对人们的习俗或日常行为做出规定。

任何文化都有一种象征符号的系统，也使生活在这种文化当中的人有其特定的思维和行为方式，在充满文化符号的世界中，人类有习俗、法则约束，并且又在受到文化制约的同时，实现自我人生价值。例如，我国拥有几千年的文明史，在我国古代具有严格的等级制度，关于服装的颜色，也有明确规定，皇帝一般穿明黄色的服装，等级较高的官员则穿朱红或者紫色服饰，处于中下层的官员则一般穿青绿色服饰。因此，服装的颜色也象征着人们的身份。经过长期的发展，等级观念已经消失了，这也就意味着服装的颜色失去了等级象征意义。然而，出于美观的考虑，人们在综合考虑年龄、身份、性别、环境等因素的基础上赋予了色彩与款式一定的审美性。

正是基于文化的符号性，使得文化与交际彰显出同一性特点。人们利用语言展开交际，传播并储存文化。文化被誉为"符号和意义的模式系统"，这就表明文化的特定规则制约着交际行为。具体而言，交际有效实施的必要前提条件是交际双方遵循相同的行为准则或社会规范。

文化和交际向来都是共存的，文化依靠交际传播，而交际又能增进人们对于其他文化的认识。

（二）系统性

文化具有系统性，这种系统性主要指一种文化就是一个自成体系的文化系统。一个文化系统又可以分为三个层次：物质文化、制度文化和心理文化。物

---

① 方琼. 中国传统文化四谈 品、味、情、趣［M］. 昆明：云南人民出版社，2018：7.

质文化属于外显文化，多指可感知的、有形的物质精神产品，属于表层文化，如饮食文化、服饰文化、建筑文化等，是文化的基础。制度文化属于中层文化，是指人类在社会实践活动中建立的各种社会组织、规范和制度，是文化的关键。心理文化又称"心态文化""观念文化"，属于深层文化，是指人类在社会实践和意识活动中长期形成的价值观念、思维方式、社会心态以及审美情趣等，它是文化的主导与核心。文化的这三个层次之间是相互联系、相互作用的，进而形成一个完整的文化统一体。

（三）地域性

地域性是文化的主要特征之一，这也就意味着人类需要依靠一定的空间实施活动。一般地，民族带有地域性，从某种角度上看，民族文化能够体现出区域文化特点，可见，地域性与民族性作为文化的特征，密切相关。然而，两者也具有不同点，那就是文化的地域性，相对而言，更为包容和灵活。例如，就世界范围而言，有东方文化、西方文化之分；就某一区域而言，有海洋文化、大陆文化、山地文化、草原文化的区别；就某一国家而言，则有中原文化、北方文化、关中文化、三晋文化、齐鲁文化、荆楚文化、吴越文化、巴蜀文化之分。

（四）民族性

文化是在历史长期发展过程中由人类所创造得来的，其源于人类社会，然而，就人类社会而言，其生活的方式一般为聚居，通常情况下，具有相同生活历史的民族共同生活在一起，这就表明，基于一定民族的机体上，文化得以产生。在地理因素的影响下，人类产生了不同的思维与行为方式，进而与其他群体产生了文化上的区别。各种不同类型的文化共同组成了整体文化。不同的民族在生产活动中会形成不一样的思维或行动方式，进而构成了差异性文化。由此可见，文化具有民族性。受到各种地域以及民族因素的影响，文化语境与文化景观朝向多元化方向发展。

文化，按其产生与存在而言，原本都是民族的。越是古老的社会，文化的民族性就越鲜明，因为民族是一种社会共同体。一个民族，一定要有共同的地域，共同的经济，共同的语言及表现共同心理的共同文化。这里强调的共同地域、共同经济、共同语言、共同心理都是重要的文化元素。民族文化深深植根于民族群体中，并以此为载体进行传播。从疆界上看，文化与民族具有一致性，事实上，各民族之间除了体貌上的区别之外，最大的区别便是文化，通常所讲的民族性实际上就是文化性。

各个民族都有着能够体现本民族特色的文化,例如,新疆维吾尔族能歌善舞,蒙古族善骑马射箭等。作为一个多民族共同体,中华民族主要将汉族当作主体,基于共同的文化,我国 56 个民族构成统一体,共同组成了中华民族。各民族文化的民族性是人性的特殊性,同时也包含着人类的普遍人性内容。虽然文化的共同性决定了某些文化能够为全人类所有,然而,文化首先是民族的,其次才是人类的。我们一定要首先爱自己本民族的文化,体现在翻译上就是要尽可能地提高翻译的准确性,用更生动贴切的语言传播本民族的文化,做文化传播的使者。

(五)传承性

文化具有传承性,是人类进化过程中衍生和创造的一种代代相传的习得行为,对个体和社会的生存、适应和发展具有促进意义。也就是说,文化并非人类生来就有的,而是在社会化过程中逐渐习得的,每一个社会人只有依靠特定文化的力量才能生存与发展。

文化作为人的生存方式,承担着个人与群体生活的基本职能。在某种意义上,"文化是为人类生命过程提供解释系统、帮助他们对付生存困境的一种集体努力"。①

共同价值体系之所以构成的原因在于人类针对自身的生存行为所进行的解释。反过来,人类的生存行为也会受到共同价值体系的影响,无论是人类与自然界的物质交换形式,还是人与人之间的互动关系,都会受得这一体系的制约。

(六)可变性

文化的稳定性是相对的,而可变性却是绝对的。文化的可变性具有内在和外在两种原因。

文化可变性的内在原因:文化是为了满足人类生存需要而采取的手段,文化随着生存条件的变化而变化。在人类文化史中,因为科技的发展而导致了人们思想和行为的变化,所以重大的发明和发现都推动着文化的变迁。

文化可变性的外在原因:文化传播或者文化碰撞可能使得文化内部要素发生"量"的变化,"量"的变化也可能促使"质"的变化。社会的发展,以及国家、民族之间在经济和政治方面的频繁沟通、交流,都使文化不断碰撞乃至发生变化。例如,佛教的传入导致了中国传统文化的变化;儒家思想等的广

---

① 孙英春.跨文化传播学导论 [M].北京:北京大学出版社,2008:3.

泛传播也导致了东南亚文化的变化。

物质形态的文化比精神形态的文化变化得更快、更多。例如，发生在衣、食、住、行等方面的变化要比信仰、价值观等方面的变化更加明显。随着改革开放的不断推进，人们的衣、食、住、行等"硬件"都发生了巨大的变化，但是"软件"方面的变化并不明显。文化定势决定了中国人对西方文化的接受度是非常有限的，"同国际接轨"的多数属于文化结构的表层，而深层文化的差异永远存在。

（七）时代性

在长期发展过程中，文化得以产生，由此可见，时代造就了文化，时代不同，则产生不同的文化。文化的依次演进，是一个"扬弃"的过程，是对既有文化的批判、继承和改造的过程。在先前的历史时期看来是先进的文化，在后来的历史时期看来就失去了它的先进性，而被更为先进的文化所取代。

不过，文化发展的基本趋势是随着时代的前进而进步的，但也不排除在某个历史阶段上会出现"倒退"现象。例如，欧洲黑暗的中世纪对文化的专制。然而，这不过是文化发展过程中的暂时现象，它改变不了文化随着时代的发展而不断进步的历史趋势。其他，如服装的变化、流行歌曲的变化等，则更反映出这种文化潮流强烈的时代性。

（八）可习得性

众所周知，人们学习语言的能力是天生就具备的，但语言的习得却必须通过人们后天的学习才可以使语言的能力得到充分的发挥。其实，文化的习得与语言的习得并无异样，二者都必须由主体发挥自身的能动性才能够实现，而且在母语学习环境中文化的习得与语言的习得会表现出明显的同步性。所以，如果只生活在一种语言文化之中，缺少文化感染的大背景，人们几乎是意识不到文化的存在的。如同人们每天生活在空气中，呼吸到空气却很难感知到空气的存在一样。因为人们常常是在母语文化环境和氛围中学习外语的，所以外语的学习也需要考虑到这个因素。如果只是单纯、机械地吸收课本上的知识，却没有深刻地理解和感知文字背后所隐藏的文化与自己的母语文化是否相得益彰、搭配合理，那么语言学习便有可能脱离文化，也就是说，人们依据母语文化学习外语，而不以外语文化为基础。然而，利用母语文化学习外语语言不仅会使原来的表达含义扭曲，还会造成对外语语言及其背后的文化无意识的错误判断。

三、文化的功能

（一）教化功能

个人的存在要远远晚于社会生活，这就导致个人无法根据自己的期望选择社会形式，也就是说，人类只有在确定的基础上才能创造历史。自从人类出生的那一刻起，便自觉进入了文化的范畴，人生的起点是诞生礼，这意味着人生的大幕被拉开，在他人的影响下，人们学习语言，通过游戏的方式模仿生活，在不断与他人的交流交往中掌握人际关系，依据婚姻规则与他人成婚，最后，以丧葬文化结束自己的一生。人生活在文化中，就像鱼生活在水中一样，须臾不可离开。

（二）育人功能

文化具有知识属性，文化代表着知识，文化人代表着知识分子，可以说文化学习是不断积累知识的过程。文化的知识属性也决定了文化的育人功能。育人并非指教育人，而是指改变人、培育人和提高人的水平。首先，文化促进人不断进化，借助文化，人们从愚昧走向文明，走向博学。其次，文化可以塑造人，人们总是在不断地学习各种文化知识，从而塑造自己的人格。最后，文化可以提升人的能力，通过学习各种知识，人的创造能力会有所提升，就会从体力劳动者转变为脑力劳动者。

（三）维系功能

维系功能是文化的重要功能之一，文化具有同一群体思想与行为的作用，当人们的思想得以统一之后，社会便能够处于稳定之中，进而增强人们的凝聚力，这就是所谓的维系功能。文化能维系社会稳定，受到内外部环境的影响，文化需要不断进行调整。在历史的长期发展中，文化并没有随着时代更替而消失，而是得以传承，这增强了社会的连续性。受到社会急剧变革的影响，文化可能会产生局部的变化，但整个文化体系仍然是稳定的，这保证了社会生活的稳定性。因此，文化代表着人类对自己所属集团的认同。

（四）导向作用

文化推动了社会变革。文化被划分为多种社会形态，从本质上看，各种形态的文化，既肯定了现行社会，同时还批判了现行社会。一方面，解答了社会是什么的问题，另一方面，对社会应该怎样做出了判断。几千年来的社会发展证明，文化的发展推动着新制度的建立，尤其是当旧制度不适应社会发展时，这种推动作用更为明显。新制度与新体制中往往蕴含着丰富的文化精神，其不仅加快了旧制度、旧体制的灭亡，同时还带来了全新的价值理念，并在此基础上重新构建世界，为人类的生活与生产提供信念。从这方面看，在新制度建立，旧制度淘汰的过程中，文化起着不容忽视的作用。

（五）整合功能

社会需要通过文化的整合功能来维系自身的团结与秩序的稳定，因此整合功能也是文化的重要功能。社会通过整合，可以协调文化内部各个部分之间的关系，使之形成一个和谐一致又联系紧密的整体。此外，同一个国家或同一个民族的制度、观念、行为等也需要规范，文化的整合功能恰好可以使这个国家或民族的成员能够对自己的国家或民族产生一种归属感。通过文化对一个社会的不断整合，各个地区、各个民族的文化也互相融会贯通，从而达到加强民族团结、促进社会稳定与发展的目的。

（六）规范作用

文化调整着社会日常生活。一般地，社会的存在有两种状态，一种是非常态，另外一种是常态，显然，在产生制度、体制更替时，社会处于非常态。在全新的体制得以确立之后，社会便会处于稳定发展之中，也就是，进入了常态。人类生活在社会之中，社会属于人类，但是人们之间总会存在各种各样的差异，他们不仅具有不同的精神需求和物质需求，同时所处的外在环境也并不相同，这就导致即使社会处于常态，也会存在各种矛盾，包括人类之间的矛盾、人类自身的感性与理性矛盾以及人与社会、自然的矛盾等。倘若无法正确处理上述矛盾，那么便很容易打破社会常态。从实践的角度来看，解决此类矛盾的方法多种多样，由于包括情操、道德、法律、礼俗在内的文化因子指导着人们的行为方式，所以人们往往会利用文化因素来化解这类矛盾。这也就说明，文化的激励、教化以及熏陶等功能对于解决上述人与自然、社会、他人之间的矛盾具有积极作用，正如我们所知，先进文化不仅具有凝聚、整合作用，还具有调节、润滑作用，利用各类手段使民众在不知不觉中接受各类正向文化因子的影响，进而推动社会和谐有序健康发展。

（七）发展功能

文化不仅能够帮助人们认识社会，而且也能为社会结构和社会生活提供蓝图，使社会行为系统化。人一生下来，就踏进了社会化过程。这个过程也就是学习和继承文化的过程，是在前人创造的文化基础上，以此作为起点向前迈步的。新的一代人，根据时代的需要，对原有文化秉"扬弃"的态度，继承其先进合理的积极因素，批判其过时的消极因素，向前推进文化的发展并因此而促进社会的进步。

第三节　翻译

一、翻译的定义

翻译是把一种语言所表达的思想内容用另一种语言表达出来的语言活动。这个过程不仅涉及两种语言，还涉及两种社会文化。任何翻译的顺利完成不仅要跨越语言的障碍，还得逾越文化的鸿沟。语言是文化的载体，语言的翻译就是文化的翻译。[①]

二、翻译的性质

（一）社会性

正是基于语言的差异性与人类之间交往的必要性，产生了翻译活动。事实上，社会性存在于人们的交流交往活动中。翻译是在人类社会发展到一定的阶段才出现的活动，而且随着人类社会的不断演变而不断发展、丰富，在历史发展的长河中，翻译活动始终是人类各民族、各文化交流的一种最主要的方式。出于交际交往的需要，同一语言、语言相近或占据文化优势的语言的人之间会产生接触，这种接触既可能是直接的，也可能是间接的。并非所有的交际都是友好的，也存在敌对的交际。同时，交际既可以发生在普通的物质交换活动中，也可以发生在精神交换活动中。以翻译为手段所进行的这种接触、交换或交流的活动，无不打下社会与文化的烙印。当我们以历史的观点考察翻译活动时，翻译的社会性是不能不考虑的。根据传统的翻译观，翻译往往是一种简单的符码转换，甚至机械性的操作。而实际上，翻译活动时刻受到社会因素的影响、介入、干预和制约。

---

① 贾彦艳. 大学英语汉英翻译教程［M］. 武汉：武汉大学出版社，2019：2.

（二）文化性

事实上，之所以开展翻译活动就是为了克服语言障碍，实现使用不同语言的人之间的交流与沟通，这种交流主要是精神层面上的，是在文化交流的基础上产生的。从这方面看，人类精神文化中不可或缺的活动之一就是翻译，与此同时，翻译活动影响着一个民族甚至一个国家的文化发展。

纵观翻译活动的全过程，其时刻受到文化语境的制约。就翻译的实践活动而言，基于语言与文化之间的密切关系，译者在翻译过程中不能忽略文化因素，否则将会出现各种翻译错误。

（三）艺术性

关于翻译艺术性的研究比比皆是，最有代表性的当属刘宓庆在《翻译美学导论》中对翻译艺术性的研究。从中可以知道，翻译具有艺术性，且艺术性具有普遍性、依附性和变通性的特征。

关于翻译艺术的普遍性，具体体现在，无论是诗歌戏剧、散文经书，还是法律条文、合同制度等文体，在翻译过程中，译者都必须通过分析理解、斟词酌句、重构句式、修饰译文等操作来完成翻译的任务。

翻译艺术的依附性主要体现在翻译必须忠实于原文，不能孤立于原文而存在。需要指出的是，翻译与创作相比，最大的不同就是翻译受制于原文，同时，译者在翻译的过程中也不能随心所欲地进行翻译。除此之外，翻译还会受到其他因素的限制，常见的有原文的语言差异、习惯差异、文化差异、表达差异、风格差异等。

翻译艺术的变通性主要指的是在忠实于原文思想的基础上，按照目的语读者的语言习惯、表达方式、审美情趣、思维习惯等对原文的信息与艺术美进行改造，从而使目的语读者更加深入理解原文意义。

（四）创造性

创造性作为翻译的重要特征之一，历来被人们所忽略。一直以来，人们普遍认为所谓的翻译实际上就是对语言进行转换的简单活动，凡是通晓两种语言的人都可以开展翻译活动，就像把一只瓶里的液体倒入另一只形状不同的容器中一样。翻译的机械性可从一些传统的比喻中得以体现，类似于翻译是"再现""摹本"等，种种现象表明在过去，人们将翻译看作机械性语言转换活动，显然，这完全忽略了翻译的创造性。从客观角度上看，机械地转换语言并非真正的翻译，由于缺乏创造性，为翻译实践的顺利进行带来了种种困难，很难得到妥当解决。

在翻译活动中，受到语言转换的影响，译者不能直接将原作的语言结构照搬到目的语中，必须重新构建语言结构，另外，由于语言的文化不同，文化语境同样需要重建，而面对新的文化土壤、新的社会和新的读者，原作又进入了一个崭新的接受空间。翻译的创造性充分地体现在一个广义的翻译过程的各个阶段之中。翻译界流行的"翻译是艺术"之说，所强调的正是翻译的创造性。

（五）个体性

众所周知，从本质上看，不同语言的相互转换就是翻译，语言实践过程就是翻译的过程，也就是语言转换的过程。在这一实践活动中，少不了人的参与。特别是由译者参与的翻译活动，更是为翻译活动增加了译者的个人色彩。不同的译者有着不同的教育背景、成长经历、家庭背景、实践经验、思维观念等，这些都会使译者在翻译活动中呈现出不同的个人色彩。

另外，由于每个译者对原文信息的理解、对目的语习惯的把握存在着差异，再加上译者自身的专业知识、文化修养、实践经验等不同，所以译文中呈现出译者不同的特点。从这种意义上来看，翻译是具有个体性的。

三、翻译的价值

（一）文化价值

目前，人们对翻译的认识与理解也在不断深入与提高。同时，翻译也在不断地促进文化的积累与创新。翻译与民族之间的交往共生，与文化间的互动同在。因此，翻译的文化价值也备受重视，其文化价值指的是应该从文化的高度去认识翻译，去理解翻译。

翻译因人类相互交流的需要而生，以寻求思想沟通，促进文化交流为其翻译的目的或任务。一个民族或个人的文化价值观也会影响其对其他文化的态度。例如，对待异族文化的融合或排斥、宽容或狭隘、友好或敌对的态度。甲午战争之后，上至朝廷士大夫，下到民间读书人，个个反思洋务。中国知识界对西方文化的态度发生了较大的转变，"中学为体，西学为用"被证明难以担负救国强国的重任，维新派取代洋务派走上了历史舞台。进而一些仁人志士意识到要救亡图存，只有从政治制度上去汲取外国的经验，当时就有人重视翻译外国的"政事之书"，即政治、法律、教育、哲学等社会科学方面的书籍。尽管数年之后，文学翻译尤其是以政治小说、科学小说和侦探小说为代表的通俗文学的翻译在数量和影响上都大大超过了科学著作的翻译。当时的译者就带有明确的翻译目的和价值判断，这些价值判断符合新的文化价值观，服务于当时政治改良、文化改良以及启迪民智的需求。并且当时的人们迫切想在政治小说中发现新的民主制度，在科学小说中领略科技的魅力，在侦探小说中获得公平的法制。总而言之，当时的译者对翻译的文化价值已经有所认识。

（二）美学价值

译者在翻译过程中重视美，几乎所有的翻译佳作中都深刻体现了美的价值。从表面上看，翻译似乎只是转换语言的过程，实际上，其还是创造美的过程，译者在理解原作的基础上对其进行翻译，将源语转化为目的语，同时将原作美转移到译文中，并加以创造。在翻译活动中，无论是人类的美学追求，还是人文理论，都蕴含着丰富的美学价值。

美学价值推动了翻译活动的发展，丰富了翻译的理论，指导着翻译实践。译者通过分析美学价值能够全方位地掌握蕴含在字句中的能够被感知到的要素，进而顺利完成翻译活动。

（三）经济价值

翻译的经济价值从本质上来看是语言的增值能力，通常而言，翻译并不直接参与一部所译作品的经济收益，它仅仅关心译作中的语言问题。翻译工作者在整个完整的翻译作品出版和发行的过程中对其所译作品负责，但是并不以其翻译作品具体能带来什么样的经济效益为直接的动因。例如，以一部文学作品的经济价值为例进行分析，其经济利益不仅和原作的社会影响直接相关，还同译作所展现出的审美价值有直接的关系。如果译文和原文在其各自语言环境下所发挥的作用基本相同，就有极大的可能性得到等同翻译，如果译文所发挥的功能同原文在源语语境下不同，就会出现翻译增值或减值的可能，这一点主要是对翻译本身而言的。

但是，从经济学的角度对出版商和经销商进行分析，却不仅在于翻译的增值或减值，翻译作品即为商品。在他们看来，翻译作品不仅具有指导功能、信息功能、娱乐功能等，还肩负着创造经济利益的功能。尤其对于非文学作品诸如广告语言、科技语言的翻译而言，这类非文学作品翻译的增值空间和经济价值更为明显。

四、翻译的过程

（一）理解

译者要想表达原文的意思，必须先对原文有充分的理解。如果译者对源语文本不能进行完整、准确、透彻的理解，就无法用译语传递原文所蕴含的信息。可见，在翻译过程中，理解是一个关键的环节。然而，理解却是翻译过程中比较容易出现纰漏的过程。通常，译者在理解过程中需要完成如下几个任务。

1. 分析源语文本的体裁

译者要想理解源语文本，应该先辨识文本的体裁。因为语篇不同，应该采用的翻译方法也不同，如文学翻译要求译者在翻译的过程中具有创新意识，商务翻译对信息的准确性要求较高，所以分析源语文本的体裁是极为重要的。对源语文本的体裁分析好之后，也就意味着了解了源语文本的文体风格，此时译者就可以思考译语文本应该采用的文体风格了。

2. 分析文化背景

因为翻译具有跨文化交际的性质，所以译者必须熟悉两种文化在政治、历史、经济、科技、风俗习惯等诸多方面的差异，这样才能准确理解与表达原文，从而避免文化冲突的发生。

3. 分析语言现象

译者在翻译过程中还必须围绕语言现象进行分析。具体来说，语言现象涉及语音、语法规则、词汇构成等层面，还包括语义的层面，如一词多义和多词同义等。

4. 分析逻辑关系

每种语言都是对思维的反映，是实现思维、传达思维的工具，思维则是逻辑分析的方式。既然翻译是跨语言的转换活动，那么它就属于语言逻辑活动。逻辑贯穿于翻译的整个过程，译者除了要通过逻辑分析来理解原文，还应通过逻辑方式来表达译语。语言表达不应仅仅合乎语法规则，还应合乎逻辑，否则表达就失去了意义。

总而言之，要想准确地理解原文信息，译者必须对以上四个方面加以分析。

（二）表达

表达是理解的升华和体现，是理解的目的和结果，更是语言信息转换的关键。表达是整个翻译过程中的关键环节，表达的好坏取决于译者对原文的理解程度以及对译文语言的修养程度，包括译者的译语水平、翻译技巧、修辞手段等。具体来说，表达阶段需要译者注意以下几点。

1. 准确措辞

众所周知，在英语中一个词常常有多种释义，因此在表达阶段，译者必须联系上下文来确定英汉词语在语义上的对应关系，进而选用正确的词汇来进行准确的措辞。

2. 自然流畅

译文必须符合汉语的表达习惯，如果有违汉语的表达习惯，就会显得生硬、不流畅，也会让人难以接受。所以，译者在表达过程中必须考虑译文的自然流畅性。

3. 衔接连贯

一篇译文的行文是否流畅关键在于"衔接"是否连贯，是否能采用合适恰当的语句进行"连接"。因此，在翻译的表达阶段，译者要加强衔接意识，整体把握语篇意义，准确地对源语的衔接方式进行必要的转换、变通，以使译文达到语篇上的衔接与连贯。

4. 与原文文体风格对等

在翻译时除了要考虑措辞、流畅和连贯外，还要注意原文与译文的文体风格对等。保持了文体风格的对等能更好地再现原文的韵味。

（三）校改

翻译是一种需要译者的耐心、理想主义精神的认知活动。在翻译过程中，译者不可因为对某方面的翻译材料较为熟悉或者有着丰富的翻译经验而表现出轻视态度，反而应该坚持精益求精的行为准则，以便为读者译出最理想的译作。不管译者的翻译能力多强，翻译经验多丰富，都不可避免地会出现一定的错误，因为个人的认知总归是有限的，不可能熟悉世间万事万物。因此，在翻译过程中，译者不可忽视校改这一环节。在校改过程中，译者应着重关注如下几个方面。

（1）检查译语中的单位是否有误。

（2）检查译语中的标点符号使用是否正确。

（3）核对源语与译语的表述是否一致。

（4）检查译文中的人名、地名、数字等是否有误。

（5）检查译文中常见的翻译单位表述是否正确。

第四节　文化与语言、翻译之间的关系

一、文化与语言之间的关系

（一）语言对于文化

1. 语言是文化的载体

语言对文化的影响巨大。思维是建立在文化的基础之上的，而思维又以语言为唯一载体，所以语言不仅体现着文化，也极大地影响着文化。在思维的前提下，人类才会形成自己的世界观、人生观和价值观等一系列文化要素。而且，语言对人类思维的质量也有一定影响，从而影响文化的发展。语言记录并传播着文化。

文化的载体具有多样性，而且文化与载体之间是相互渗透、相互依存的。语言作为文化最重要的一种载体，它能起到长久保存文化知识的作用。语言见证并记载着文化的演变，是调查民族文化的宝贵途径。语言研究可以使人们了解思想观念的继承、意识形态的演变以及思维模式的延续。有了语言的产生和发展，才有了文化的产生和传承。没有语言的文化，或者没有文化的语言，都是不可能存在的。同时，文化又时刻影响着语言，使语言为了适应文化的发展而不断精确化。语言承载着文化，文化蕴含着丰富的语言要素。除了语言以外，文学、艺术、建筑等都是文化的载体。语言之所以是文化最重要的载体，主要有以下几种原因。

（1）语言反映了语言运用者的知识文化。人类借助文字将各民族的知识文化记载下来，传于后世。

（2）语言反映了语言运用者所处社会的生产力水平和生产关系。

（3）语言反映了语言运用者的生活方式和行为准则。

（4）语言是人类思维的载体。语言是人类自身的一个组成部分，它浸润于人类的思维及观察世界的方式之中。

（5）语言反映了语言运用者的思维模式和思维内容。

（6）语言反映了语言运用者的情绪模式和情感指向。

2. 语言是文化的风向标

语言在一定程度上引导着文化。因为语言可以引导人们去了解某种文化认识外部世界的方式，而且不同的文化由于面对不同的客观现实，会创造出不同的语言。人类的语言与文化身份之间并不是一一对应的，但语言却敏锐地反映着个人与特定社会之间的关系。在不同的历史时期，语言质量表现出不同的状态；即使在同一历史时期的不同群体之间，语言质量也是有差别的。早期人类的语言显然不如现代人的语言那么严密、丰富；生存于偏远地区的土著人的语言，就远不如多数现代人的语言那么有内涵和底蕴。语言在理解彼此、理解文化方面，起着不可忽视和替代的作用。要想了解一种语言，就必须了解语言背后隐藏的文化。语言差异引起人们感知外部世界的方式以及结果的差异。所以，学习语言与了解文化两者间是相辅相成的关系。

（二）文化对于语言

语言对思维有着不可忽视的影响，因此语言也就必然影响着文化。反过来，文化也深深地影响着语言。语言与文化充分地体现了民族的心理过程、推理过程以及思考问题的过程。

社会不断发展变化，与过去相比，今天的世界是一个全新的不同世界。与此相对应，语言也发生了翻天覆地的变化。这种变化不仅仅表现在表达方式方面，也表现在各个领域所产生的海量新词汇上。所有这些都表明，丰富多彩的文化势必孵化出丰富多彩的语言。

语言只是思维的载体，无法决定人们的思维。文化才是决定人类思维内容、模式和动机的关键因素。人们自从出生后就浸润在特定的文化中，形成特定的思维模式和价值观。并自觉地遵守相应的行为规范。因此，文化正是由于自身的熏陶力量，使人们形成特定文化认可的行为方式，从而与他人和睦相处，进而维持社会的稳定秩序。

二、文化与翻译之间的关系

（一）文化对翻译的影响作用

1. 文化对翻译过程的干预

翻译不仅是单纯的两种语言之间的转换，同时还是不同文化背景之间的转换。可以说，文化对翻译过程有着重要的影响作用。翻译是语言转换的过程，在这一过程中，两种不同的文化发生碰撞，不同的文明产生接触，影响翻译的因素有很多，包括但不限于语言因素、心理因素、社会因素等。①

---

① 陈莹，吴倩，李红云．英语翻译与文化视角［M］．长春：吉林人民出版社，2020：7．

在具体的翻译实践过程中，译者需要考虑具体的交际语境，在文化共识的基础上，对译文进行针对性翻译，从而能够使译入语读者了解原文信息，明确作者所要传达的感情。

翻译主要包括理解和表达两个关键步骤，理解文章是译者进行翻译的前提，表达是翻译的最终结果。这就表明，译者要从原文中找到和译入语文化背景相关的部分，针对原文中的文化特色，译者需要使用能够体现译入语国家的生活模式的语言进行得体翻译。在文化对翻译过程的影响下，翻译应该主要分为以下步骤进行。

（1）准确分析和翻译源语中的文化信息。

（2）考虑文化交流的目的。

（3）进行译文文化传达。

文化对翻译过程的影响除了表现在原文文化对译文表达的影响这一方面之外，还表现在译者自身文化背景对翻译过程的影响上。

译者在翻译过程中，处在自身文化个体身份下，自己的文化取向会在一定程度上表现在翻译过程中。这种影响具有积极和消极两方面。译者应该正视自身的文化身份，进行灵活翻译。

2. 文化对翻译活动范围的影响

文化的开放程度，决定了翻译活动进行的范围。文化全球化是世界文化创造主体和世界文化元素的多元化。文化只有具备包容的品质，世界不同国家和民族的文化才能在共存中达到更多的一致，进而使得世界各个国家和民族联系得更加紧密。在人类文化发展史上，封闭的文化会被推到边缘的地带，并且阻碍世界历史的前进脚步；而那些包容性的文化才能主导世界文化，推动世界历史的发展。

包容性的文化比较能够接受其他文化中的先进成分，因此能够较好地发展，也比较容易被其他文化所接受，进而从地域性文化向世界性文化转变，成为推动世界文化进步的强大力量。从根本上讲，一种文化之所以缺乏包容性，是因为文化创造主体的思想狭隘，并且这种封闭的文化也会影响生活在其中的人们的思维方式，使得他们也变得狭隘，缺乏开放精神，难以接受其他文化，从而导致世界在文化上产生割裂。

文化的输入和输出都关系到翻译活动的开展情况。当某个领域对文化的需求程度较大时，这一领域中的翻译活动就会较多。例如，徐光启等人曾经在意识到我国学术落后于世界水平时，主张将西方的先进科技和文化翻译成中文，以此来充实我国的文化。在五四运动后，中国知识分子意识到自身革命理论的缺乏，于是提倡翻译马列主义的经典著作。

3. 文化对翻译形式的影响

文化对翻译形式的影响主要是文化强势与弱势的作用。译者在翻译过程中，也会受到文化强弱的影响。这是因为，翻译过程带有目的性和倾向性。一般来说，人们总是试图选择强势文化下的作品进行翻译。

翻译本身带有一定的目的性与倾向性，这种文化活动的进行会在一定程度上影响译者的选择。以文学翻译为例，基本都是在不同时期选取一些强势文化下的作品，或是影响力最强的作品。这种文化强势对翻译形式的影响主要体现在语言的对译过程中。

总之，文化与翻译关系密切，翻译中涉及的文化因素非常复杂，情况也千变万化，译者只有对两种语言熟练驾驭并深化对两种文化的对比和理解才能有效提高翻译质量，增强翻译的最佳效果。

(二) 翻译对文化的影响作用

1. 翻译促进新词的产生

国际交流的不断深入使英汉两种语言之间的交融达到了前所未有的深度与广度。在这一过程中，一些汉语词汇逐渐为英语国家的人所接受，并成为英语的一部分。例如：饺子（Jiao zi，而不是 dumpling）；刘翔（Liu Xiang，而不是 Xiang Liu）。

与此同时，大量外来词汇融入汉语文化中，并得到人们的普遍接受。例如：

象牙塔　tower of ivory

蓝图　blue print

由此可见，翻译不仅丰富了译入语的语言表达形式，而且增进了不同民族间的相互理解。当人们需要精确表达在本族文化中本不存在的事物时便有了新的途径。

2. 翻译对语言表达的作用

在全球文化交流日益密切的今天，跨文化活动的数量也急剧增加。文化交流主要是通过语言进行的，而不同语言之间沟通的桥梁是翻译。在翻译的作用下，不同文化之间的沟通和往来更加密切，对语言表达也起到了丰富的作用。

3. 翻译促进文学的发展

翻译的发展对我国文学发展产生了重要影响，主要体现在以下三个方面。

（1）文学翻译引入新的思想内容，使中国旧有的文学观念得到改变。受其影响，话剧、新诗、白话小说等先后产生并得到积极的发展，极大地促进了我国文学的现代化发展。

（2）中国读者特别是传统的知识分子接触到大量的外国文学尤其是外国小说，他们开始承认小说的独特价值，使小说进入我国的文化领域，此后，小说与诗词古文同等的地位。

（3）小说的翻译改变了我国传统的写作技巧，对文学写作的多样化产生巨大影响。具体来说，心理描写以及细腻的景色描写是西方小说的鲜明特色，这打破了我国传统的重意境渲染的文学写作风格一统天下的局面。

4. 翻译对文化交流的作用

翻译不仅是作品之间的传播，同时还是一种文化交流活动。大体上说，翻译的实质是为了进行不同文化间思想的沟通与交流。翻译通过克服不同语言之间的障碍、改变语言的形式进行文化意义的传达。这种传达是一种文化的交流活动，沟通着不同文化，同时也丰富着自身文化。

第二章 英汉词汇文化对比与翻译

英汉两种语言在词汇文化上存在明显的差异，明确这两种语言在词汇上的差异，有利于语言的深入学习。本章主要从构词法、词义以及词汇搭配上对英汉两种语言进行了对比，并讨论了英汉词汇翻译的策略。

第一节 英汉构词法对比

一、派生法对比

由词缀（前缀、后缀）和词根相结合进而构成单词的方法就是派生法。[①] 英语属于粘附性语言，词缀数量很多。英语中的词缀主要分为前缀和后缀。在汉语中也有前缀与后缀的概念。以下就从这两个方面来对英汉派生法展开对比分析。

（一）前缀构词对比

在英语中，前缀在构词时对词性的影响很小，主要改变词汇的含义。按照对词汇意义的影响，英语前缀可分为以下几类。

1. 否定前缀：a-、dis-、in-、un-、non-。
2. 反向前缀：de-、dis-、un-。
3. 表贬义前缀：mal-、mis-、pseudo-。
4. 表程度前缀：arch-、co-、extra-、hyper、macro-、micro-、mini、out-、over-、sub-、super-、sur-、ultra-、under-。
5. 表方向态度前缀：anti-、contra-、counter-、pro-。

---

① 陈璐，罗颖，汪银萍．英汉文化翻译教学与实践研究［M］．广州：广东旅游出版社，2021：21.

6. 表方位前缀：extra-，fore-，inter-，intra-，super-，tele-，trans-。

7. 表时间前缀：ex-，fore-，post-，pre-，re-。

8. 表数前缀：bi-，di-，multi-，semi-，demi-，hemi，tri-，uni-，mono-。

9. 其他前缀：auto-，neo-，pan-，proto-，vice-。

虽然，前缀在构词时对词性的影响较小，但并不是所有的英语前缀都不改变词性，如 a-、be-、en-在构词时就会对词性有所改变。而且，随着时间的推移，改变词性的前缀也在不断增加，如 de-、un-、anti-、post，pre-等。派生法这一构词法也存在于汉语中，所以汉语中也有词缀的概念。

汉语中的前缀主要可以分为以下几种。

严格前缀：阿、老、第、初。

新兴前缀：不、单、多、泛、准、伪、无、亲、反。

结合面宽的前缀：禁、可、好、难、自。

套语前缀：家、舍、先、亡、敝、贱、拙、贵、尊、令。

与英语有所不同，对于汉语来讲，前缀主要用来表示语法意义或者改变词性，也就是说，汉语前缀的意义具有虚无性，与英语的后缀意义相似。然而，不同的汉语词汇的前缀意义具有不同程度的虚无性。部分汉语之所以添加前缀就是为了构词，常见的有阿—阿公、阿婆，老—老婆、老公等。此外，还有诸如单、初、多之类的等表示数量的前缀以及诸如无、非等表示否定的前缀，显然，这些前缀具有一定的意义。

（二）后缀构词对比

英语后缀和汉语后缀都是附加在实素词后构成单词，所以从这一点上来讲，二者是相同的。[①] 与前缀不同，英语后缀主要是改变词干的词性，而在意义上只是对原义进行修饰。根据这一特征，英语后缀可分为以下四类。

1. 名词后缀，主要用于构成名词。例如，

加在名词后表示"人"或"物"：-eer，-er，-ess。

加在动词后表示"人"或"物"：-ant，-ee，-ent，-er。

加在动词后表示"性质、状态"：-age，-al，-ance，-ation，-ence，-ing，-ment。

加在形容词后表示"性质、状态"：-ity，-ness。

2. 形容词后缀，主要用于构成形容词。具体包含以下几种。

加在名词后：-ed，-ful，ish，-less，-ly，-y，-al。

---

① 张娜，仇桂珍. 英汉文化与英汉翻译［M］. 成都：电子科技大学出版社，2017：51.

加在动词后：-able（-ible），-ative（-ive，-sive）。

3. 副词后缀，主要用于构成副词。具体包含以下几种。

加在形容词后：-ly。

加在名词或形容词后：-ward（-wards）。

加在名词后：-wise。

4. 动词后缀，一般加在名词和形容词后构成动词。具体包括-ate，-en，-ify，-ize（-lse）等。

事实上，对于汉语来讲，后缀的功能与英语相同，目的是改变词性，但两者也存在差异，一般地，构成英语的后缀有四类，分别为名、形、动、幅，汉语中的后缀在构成新的词汇时，词性上一般名词居多，其后缀的作用不像英语后缀那么广泛。所以，汉语后缀常根据其意义进行分类，具体可分为以下几类。

1. 用来表示人的后缀主要有三种。

第一，夫、士、工、员、匠、生等后缀主要用来代表职业。

第二，父、爷、子等后缀常用来表示亲属关系。

第三，头、郎、迷、丁、属、者、分子、员、汉、棍、子、徒、生、贩等则用来表示其他人。

2. 用来表示数量单位的后缀同样有很多，比如，匹、亩、册、张、项、辆、群、粒、斤、支、朵、幅、件等。

3. 度、性、论、学、注意、化、法、派等则通常用作抽象概念的后缀。

4. 表物品的后缀：仪、品、器、机等。

5. 表处所的后缀：站、场、处、室、厂、馆、院等。

6. 构词性后缀。这些后缀没有实际意义，只用于构词。

经比较可以看出，在数量上，汉语后缀要少于英语，而且就形式而言，汉语没有英语固定，功能也没有英语明显。此外，汉语后缀构成词基本上都是名词，其他词类很少，而且，英汉语后缀相互对应的情况也不多。汉语中的某些后缀在英语中就找不到相对应的后缀，如"子、儿、头、巴"。例如，杯子（cup，glass）、鼻子（nose）、头儿（head）、画儿（picture，painting）、石头（stone）、馒头（steamed bread）、尾巴（tail）、下巴（chin）等。此外，与英语后缀相比较而言，汉语中用来表示人的后缀要多得多。而且，就英语而言，一个词可多次附加词缀，仍然能构成词。但汉语中如果加词缀超过两次，构成的就很难说是词了。

二、复合法对比

按照一定的顺序将多个词或者字排列组合成新词的方法就是复合法。[①] 这是生成新词最常用的方法。在英语中，复合法的地位仅次于缀合法和派生法，但在汉语中，复合法却独占鳌头。有很多人甚至认为，汉语中的双音节或多音节词都是复合生成的。

1. 就分类来讲，英语复合词主要分为以下几种类型。

（1）复合名词，主要包含以下几种结构形式。

名 词 + 名 词：greenhouse，workbook，workplace，workshop，newspaper，gateman，daytime，lunchtime，lifeboat，lifetime，northwest，railway，southeast，southwest，cupboard，keyboard，fireplace，farmland，hometown，salesgirl 等。

形容词+名词：goodbye，blackboard，greenhouse 等。

动名词+名词：washing room，dinning hall 等。

动词+名词：chopsticks，check out 等。

（2）复合形容词，主要包含以下几种构成形式。

形容词+名词+（e）d：kind-hearted，gass-topped 等。

形容词+现在分词：good-looking 等。

副词+现在分词：hard working 等。

名词+现在分词：English-speaking，Chinese speaking 等。

名词+过去分词：man-made，self-made 等。

副词+过去分词：well-known 等。

形容词+名词：Mideast，round-trip 等。

英语复合词中的复合形容词和复合名词占的比重较大，因此以上仅对这两种类型进行重点介绍。

2. 在汉语中也有很多复合词，具体包含以下几种。

（1）联合：联合结构的复合词中两个词素是平行关系，其结构形式比较多。

名词+名词：笔墨、模范、鱼肉等。

形容词+形容词：大小、多少、贵贱、远近、松弛、破败、危险、焦躁等。

动词+动词：得失、出入、导演、哭泣、连续、依靠、赊欠等。

（2）主谓：主谓关系的复合词中的两个词素，一个是主语，即动作的施动者，另一个是动词，因此主谓关系的复合词都是名词+动词结构。例如，月圆、头疼、海啸、口误、事变等。

---

① 朱风云，谷亮. 英汉文化与翻译探索［M］. 北京：北京理工大学出版社，2017：24.

（3）动宾：汉语中动宾关系的复合词较多，动宾复合词中一个是动词，即动作的施动者，一个是宾语，即动作的接受者，因此其结构都为动词+名词的形式。例如，骂人、打球、喝茶、唱歌、吃力、贴心、抱歉、结局等。

（4）偏正：偏正复合词中的一个词素去修饰另一个词素，被修饰的名词在后，前面的修饰后面的。汉语中的偏正结构的复合词最多，其结构多样且较为复杂。例如：加深体会、非常愉快等。

从上述内容中可以看出，英语和汉语在构词方面有很多的相似之处，但同时也都有各自的独特之处。例如，有些构成方式是英语所特有的，有的构成方式则是汉语所特有的。

三、缩略法对比

由缩略法构成的词为缩略词，也就是截短原词或原词的某些成分形成一个新的词，用以取代原词。英语中缩略词的种类有很多，具体包含首字母缩略词、混合缩略词、节略式缩略词和数字式缩略词。

（一）英语缩略法

1. 首字母缩略词
首字母缩略词就是将每一个单词的首字母提取出来组合成为一个新的词，首字母缩略词多采用大写字母的形式。
2. 混成式缩略词
混成式缩略词一般是将两个或两个以上的单词用某种方法组合在一起构成新词。其具体包含以下四种结构方式。
（1）A头+B头。例如：
hi-fi←high+fidelity　高保真
sitcom←situation+comedy　情景喜剧
（2）A头+B尾。例如：
bit←binary+digit　二进制数
Choco holic←chocolate+alcoholic　巧克力迷
（3）A头+B。例如：
Auto camp←automobile+camp　汽车野营
Tele quiz←telephone+quiz　电话测试
（4）A+B尾。例如：
newscast←news+broadcast　电视广播
Tour mobile←tour+automobile　游览车

3. 节略式缩略词

节略式缩略词主要是将一个词的完整拼写去掉一部分来形成其缩略形式的。其主要包含以下三种形式。

（1）去头取尾。例如：

phone←telephone 电话

quake←earthquake 地震

（2）去尾取头。例如：

exec←executive 执行官

Wed←Wednesday 星期三

zoo←zoological garden 动物园

（3）去头尾取中间。例如：

scrip←prescription 处方

tec←detective 侦探

4. 数字式缩略词

数字式缩略词一般是根据词的结构或者读音上的相同点与数字结合而形成的。其具体包含以下两种形式：

（1）提取出词中的相关字母，并在其前面加上相应的数字构成。

（2）代表性的词前面加数字。

（二）汉语缩略法

在汉语中，缩略词的类型主要有以下几种。

1. 截取式缩略词

截取式缩略词就是截取名称中一个有代表性的词代替原名称，具体包含两种方式：

（1）截取首词。例如：

复旦←复旦大学

宁夏←宁夏回族自治区

（2）截取尾词。例如：

长城←万里长城

收音机←半导体收音机

2. 选取式缩略词

选取式缩略词就是选取全称中比较具有代表性的词素来构成新词。依据选取词素的位置，可分为以下几种。

（1）取每个词的首字。例如：

高教←高等教育

科研←科学研究

（2）取一个词的首字和另一个词的尾字。例如：

外长←外交部部长

战犯←战争罪犯

（3）取每个词的首字和尾字。例如：

少先队←少年先锋队

安理会←安全理事会

（4）取全称中具有代表性的两个字。例如：

北影←北京电影制片厂

政协←中国人民政治协商会议

（5）取全称中的每个词的首字。例如：

上下←上头、下头

东西←东方、西方

3. 提取公因式缩略词

提取公因式缩略词指的是将全称中的相同的部分提取出来，例如：

优缺点←优点、缺点

中小学←中学、小学

进出口←进口、出口

4. 数字概括式

汉语中的数字概括式与英语中的基本相同，具体包含以下几种形式：

（1）提取相同部分，用数字来概括相同部位。例如：

三好←学习好、工作好、身体好

四化←工业现代化、农业现代化、国防现代化、科学技术现代化

（2）根据词的特点总结出一个可以代表这些特点的抽象概括词，然后在其后面加上数字。例如：

三皇←伏羲、燧人、神农

五谷←稻、黍、稷、麦、豆

六亲←父、母、兄、弟、妻、子

就构成形式而言，英汉缩略词有着很大的相似之处，但就数量而言，英语缩略的数量要远多于汉语缩略词的数量。此外，在形式上，英语缩略都是词，而汉语缩略词有的是词，有的仍然是"语"。

第二节　英汉词义对比

一、英汉词义的特点对比

汉语的词义相对严谨，词的含义范围也相对较窄且精确固定。与英语相比，汉语中词的意义对前后文的依赖性比较小，词义的独立性比较大，但是词义的伸缩性和变化性比较小。汉语词义之所以有这样的特点，其原因是中国历史悠久，源远流长，汉语作为中国的语言，有着特殊的民族传统和历史文化背景。在用词上，汉语讲究的是词义的严谨、规范、精确。中国历代名家都主张"名正言实"，反对词义游移，倡导汉语规范化。他们对汉语词义变得精确严谨等做出了重要贡献。与英语表达的抽象相对，汉语用语更加具体，表达虚的概念的时候，常常用实的形式，也就是说汉语在表示抽象内容时，往往习惯运用具体的形象，这就导致很容易使人萌生一种真实之感，这主要是因为汉语与英语不同，其不具备词缀虚化手段。与英语动词相比，汉语拥有更多的量词，呈现出明显的优势，当人们想表示希望渺茫时，可以用"一线希望"，当想表示自己的见识浅薄时，可以用"一己之见"，当想表示情感深厚时，可以用"一寸相思一寸灰"，当想表达内心的喜悦与快乐时，可以用"一串欢笑"，可见，各种各样的量词使汉语更加生动形象。即使日常生活中，一丝关怀，一句问候，甚至一声对不起，都能使人感到温暖满心头。

就词义上而言，英语比汉语更加灵活，词的含义范围也比较广。因此与汉语相比，英语中的词义对前后文的依赖性较大，词义的独立性也相对较小。在英语中，"parent"一词，既可以是"父亲"，也可以是"母亲"。例如："I'm a young teacher with no experience as a parent, but I have a suggestion for the parents"。说这句话的人既可以是男性，又可以是女性。英语的可塑性和适应性都比较强。在很大程度上，英语的词义是根据词的联立关系而确定的。词的联立关系不一样，词的含义就会不同。另外值得一提的一点是，在英语句子中，常常会出现各种各样的抽象名词，这就为英语表达增添了抽象性，由此，使人萌生出"虚""暗""曲""隐"的感觉。丰富的虚化手段是英语中抽象名词多的重要原因，虚化手段中最主要的是有虚化功能的词缀，尤其是后缀，比如，"-ness""-tion""-ship""-dom""-th"等，表示抽象的性质、状态、程度、特征、身份、技能等含义。另外，英语中介词比较多，而且运用十分灵活，表达的含义也特别广泛。介词还可有构成多种介词短语，它的意义经常会让人难以捉摸。

二、词义的缺位现象对比

英语和汉语产生的背景不同，发展的环境也不同，因此，对事物或现象的概念表述也会有些许不同，从而出现词义的缺位现象。词义缺位现象的影响因素也有很多种，下面进行简单的论述。

（一）地域环境因素

地域环境决定着生物的生存种类，地形、气候等因素又影响着地域环境，因此，地形、气候等因素也影响到了人的生活条件或生活习惯等。例如，中国所产的"核桃""板栗"等坚果，在英语中就没有相对应的事物，所以在语言表达上也就没有对应的词汇，进而产生了缺位现象。英语往往是用"Chinese chestnut"来统一指代这类坚果。又如，中国的"瓜子"种类繁多，有西瓜子、南瓜子、葵花子，等等。这些词在英语中也存在缺位现象，英语常常用"melon seeds"这一个词来表示这些"瓜子"，这种表达方式显然不够准确。

（二）民族风貌因素

一个民族的生活环境和其生活方式之间有着十分密切的联系，民族习惯的形成一般是调整、适应生活环境的固化结果。例如，西方人习惯用玻璃瓶盛酒，用高脚玻璃杯喝酒，通常是倒满酒杯的三分之一，然后一口饮尽。而中国人习惯用酒壶盛酒，用陶瓷或者金银制品的酒杯喝酒，一般倒满酒杯的三分之二。因此，像"酒壶"这种词在英语中也产生了缺位现象，"酒杯"的表达方式也有所不同。

（三）历史文化因素

每个民族的历史文化会因其发展历程的不同而产生显著差异。如果这种现象反映在语言上，就会产生词义的缺位现象。例如，在中国，家族是很重要的存在，因而大多数中国家族都会建立一个祠堂来供奉祖先，而在英语国家中就没有这种家族祠堂文化，所以"宗祠"这个词在英语中就处于缺位状态。英语一般将"宗祠"表达为"ancestral hall"或"ancestral temple"，很显然这两种表达方法都不够确切。

（四）概念因素

从概念因素上看，英语与汉语存在一定的区别，在概念表现上，英语一般较为具体，而汉语则较为概括，这就导致上下义对应缺位的情况时有发生。例如，汉语中有"笔"这种表达方式，它处于上义位。它的下义项可以分为铅笔、毛笔、钢笔等。但是在英语中就没有"笔"这种表达，只有具体的下义项：pen（钢笔）、ball pen（圆珠笔），等等。这就出现了上义缺位现象。

三、词义的错位现象对比

词义错位就是在两种语言之间存在上义词和下义词不对称的现象。[①] 例如，西方文化一般都是以科学文化为基础的，因此他们强调的是人的生物属性，将人看作动物的一种；显然，中西方文化具有明显的区别，我国文化重视道德伦理，将人文文化作为文化发展的基础，认为人与动物并不完全相同，这就导致上下义的分析差异出现在了英语与汉语中。因此，只有将"人和动物是不同的"翻译成"Man is different from other animals."才比较确切，因为这种译法可以克服词义错位带来的影响。

四、词义的宽窄程度对比

英语和汉语的文化背景不同，所以词义经常会出现多对一或者一对多的关系，这就是词义的宽窄程度的不同。宽窄程度不同一般分为两个方面，一方面是汉宽英窄，两种语言的上下义词完整但表达习惯不同、英语上义词缺位或者汉语只有上义词的情况下会出现这种现象，如"羊"对应"sheep""goat"。另一方面是英宽汉窄，这种现象基本上在英语只有上义词或者汉语只有下义词的情况下出现，如"brother"对应"哥哥"和"弟弟"；"marry"对应"娶"和"嫁"，等等。

五、词义的内涵对比

在任何语言中都存在词义的一对多与多对一现象，但是，每个词所表达的具体内涵存在显著差异。比如，在英语里的"firy"对应汉语中的"煎、炒、炸、煸、烩"等词汇，但是，在中国饮食文化中，每个词所表现的具体炒菜的技法不同。

---

① 郭惠琴. 英汉语言对比与翻译研究［M］. 北京：北京工业大学出版社，2019：42.

六、词汇的理据性对比

所谓理据是阐释语言符号意义的依据，词的理据则是指词与词义之间的联系，即语言符号与客观事物和现实联系的依据。[①] 这里我们主要从拟声、语义和形态三个方面对词汇的理据对比进行分析。

（一）拟声理据对比

英汉拟声词各成系统，虽然有一定的相同之处，但也有着显著的不同点。

1. 从造词方式上来看，英语的拟声词大都是通过联想间接模拟声音，而汉语则主要是直接模拟自然声音，即汉语的拟声词与英语的拟声词相比更接近自然声响。从形式上来看，英语的拟声词中单音节单纯词居多，而汉语中的拟声词双音节重叠词较多。

2. 从拟声方式上来看，英语拟声词的形式一般不能随意改变（自然拟声词除外），但汉语拟声词的形式要灵活许多，而且格式也十分丰富。既有双音节词，也可以把双音节词变成四音节词，如咕噜——叽里咕噜、咕咕噜噜；还可以将两个不同的词相结合组成新词，如丁零、当啷丁零当啷等。

3. 从数量上看，由于两种语言拟声词的造词方式不同，英语的拟声词较为固定，数量也相对较少，而汉语造词比较灵活，因此拟声词的数量也相对较多。

（二）语义理据对比

语义理据是一种心理联想，它是指由词的概念意义所暗示的联想意义，这种理据解释了词的表面意义和形象意义之间的联系。词的语义理据即产生词的联想义和比喻义的依据。英语和汉语词的语义理据主要体现在复合词和习语中，主要有以下几种分类。

1. 明喻：silk - smooth（光滑如丝的），dog tired（筋疲力尽的），pitch black（漆黑的），childlike（孩子似的）飞跑

龙舟、虎口、燕尾服、剑眉、蘑菇伞

2. 暗喻：flat tire（令人厌倦之人），crocodile tears（假慈悲），new blood（新血液），a dark horse（黑马）

草包、饭桶、油水、骨气、脊梁、半边天、后台

3. 转喻：the Crown（王位），green back（美钞），make（up）a purse

---

① 张秀萍．英汉新词研究［M］．北京：中国商务出版社，2011：47.

（集资）, in the cradle（孩提时代）, live by one's pen（以写作为生）

白宫、白领、便衣、大檐帽、箱底、红颜、手腕、饭碗、胡子

4. 提喻：gold（金牌）, greenhand（生手）, stout heart（坚强之人）, earn one's bread（谋生）

首脑、心腹、国脚、名嘴、人手、小白脸、枪手

5. 委婉；economy shop（旧货店）, the under privileged（穷人）, powder room（女厕所）, under achiever（差生）

红楼、环卫工、洗手间

（三）形态理据对比

根据现代语言学理论，形态学是语言学的主要分支之一。形态理据指的是词的形态结构成分与词义的直接联系和依据。词素是语言意义的最小单位，词素可以构成词，且绝大部分是派生词和复合词（单素除外），因此只要了解这些词的成分的意义，那么词的意义也就可以推断出来了。例如：

assist（帮助）+-ant（人）→assistant（助手）

air（空气）+mail（邮件）→airmail（航空邮件）

以上两个复合词都属于显性结构，素义与词义呈正相关。当然，英语中还有很多的隐性结构词，如 greenhand（生手）, blackmail（讹诈）等，词素和词义并非正相关。但总的来说，英语的理据性较弱。

而汉语属于表意文字，字是其最小的语义单位。相比起现代汉语来，中国古汉语的理据性更强，这是因为古汉语中每个字的形体通常是其所指的图像。随着时间的推移，汉语言中文字的符号化越来越高，其语言形态与外界的关系也就逐渐变得模糊起来，理据也随之不断丧失。但与英语相比，汉字的形态与意义的关系仍要更为密切。形声字在汉语中占有很大的比例，字通常由两部分构成，一部分是表读音的音符，一部分是表意义的义符，因此通过字的形态便可以推出字的意义。例如，我国古代多以贝壳作为钱币进行买卖交易，因此与买卖相关的字多带"贝"，如费、贷、资、贸、贺、赃、赈、赔、赊、财、贪、货、贩、购、贵等。

七、词化程度对比

（一）单纯词的词化程度对比

一般地，从形态上看，单纯词无法进行详细分析，主要由单个语素构成，这里的单个语素既可以是单音节也可以是多音节。在古汉语词汇中，单音节单

纯词有很多，尤其是动词性单纯词。而现在的汉语用作名词的单纯词非常少。相反，英语基本词汇则大多数是简单词，即单纯词，且使用频率极高。在名词方面，英语的单纯词更是占绝大多数，如 rose，coach，ram，ruby，stout，pure，quiet，restaurant 等。

单纯词的词化程度同语言文字的类型有关，因此在不同的语言中，即使同样是单纯词，其词化程度也不一样。具体来说，汉语是语素文字，以形写意。虽然现代汉语已在很大程度上抽象化和符号化了，但仍或多或少保留了形象表意的原形。由于汉字顽强的表义性特点，使得它在用单纯词表示一个语义复杂的概念时远不如英语灵活，其词化程度较低。反观英语，由于英语属于音素文字，字母是其基本单位，字母的组合是其构成方式。在这种组合方式中，字母形式和其表达的意义不存在必然的联系，即象似性很低。这就是说，从词形上看，英语是抽象的，同时，其可以不受符号的制约任意表达各种复杂的概念。可人为地创造一个英文单词表达任何想要表达的意义。

（二）派生词的词化程度对比

英汉两种词汇的一个显著区别就是词缀方面的差异。由词缀或词根形成的派生词通常表示较为复杂的意思。英语中有着丰富的词缀和粘着词根，英语中的前后缀有 300 多个，粘着词根有 400 多个。显然，就词缀而言，汉语不仅在数量上要远远少于英语，而且在范围上也比不上英语。从这方面看，在运用英语表达时，常常会用到一些派生词，关于这些派生词，人们无法用相应的普通汉语词汇表示，而往往是通过短语或复合词来表示。

（三）转类词的词化程度对比

对于构词法来讲，转化法是其中比较重要的方法之一，大部分词都能够在不进行词形变化的基础上表达不一样的意义，成为另外一个词。从结构上讲，英语中主要有两类转类词的词化程度较高，一类是名词尤其是具体名词转化为动词，如 bog（使陷入泥塘），email（发电子邮件），wrinkle（使起皱纹）等。这一类是转化词在英语中占绝大多数。另一类是形容词转使役性动词，如 perfect（使完美），clear（使明净）等。

此外，在名词转化为动词中，几乎没有不可以转类为动词的名词。事实上，名词转化为动词是一个很强的词化过程，其特点就是将复杂的内容浓缩为一个词。不仅人名和单纯词可以词化，合成词也可以转类，其中由短语动词转类的名词如 a clean up（大扫除），a blow out（轮胎爆裂），a pull back（撤退）等；由复合词名词转类的动词，如 to snow ball（迅速增长），to honey moon

（度蜜月），to cold shoulder（冷落）等。

相比较而言，汉语兼类词或转类词的比例则少很多。而且与英语正好相反，汉语中的形容词转动词的占绝大多数，而名词尤其是具体名词转为动词用得较少。

（四）借词词化程度对比

总体来说，音译和意译是借词形成的两种基本方法。音译词的词义和构词成分之间没有任何语义联系，也不遵守中心词原则，因此音译词是彻底词化词。英语中的借词一般倾向于音译，意译较少，如日语借来的 sushi（寿司），汉语借来的 tofu（豆腐）、kungfu（功夫），西班牙语借来的 matador（斗牛士），意大利语借来的 mafia（黑手党）等。从借词的方式看，英语的借词完全词化了。

与英语借词不同，汉语常常用意译的方法借词，以汉字的表意作用为基础，认真挑选语素，创造词汇。激光（laser）、自助餐（buffet）、蹦极跳（Bungee）等都是汉语中常见的意译借词法。而纯音译词则很少，如沙发（sofa）、克隆（clone）、比基尼（bikini）等。从借词的方式来看，汉语的词化程度较低。

第三节　英汉词汇搭配对比

一、词义容量

（一）词的外延性

实际上，词汇的搭配是由单词的语义外延决定的，一个单词的语义外延越宽泛，可以进行的词汇搭配形式就越多，反之，就不能产生较多的词汇搭配组合。语义外延宽泛的词语在英语与汉语中都比较多，因此在进行词汇翻译时，会给翻译者造成一定的阻碍。

汉语的“副”字，通常用来表示“第二位”“辅助”的意思，如副教授、副作用等。英语中的“副”则用“vice”“side”来表达，有时还需使用词缀“sub”。由此可见，英语中表示“副”的词语，其包含的意思远远少于汉语中的“副”字，因此，无法像汉语中的“副”一样进行广泛的搭配。

当然，并不是所有汉语词汇的语义外延都要比英语词汇的宽泛，英语中同样存在语义外延较宽的词语，能够搭配的范围也很广。比如"wear"，其英文释义是"to have（esp：clothes）on the body"，通常用作 wear a coat（穿外套），用来与衣服穿着搭配，但是除此之外，它还可以搭配成 wear watch（戴手表）、wear a smile（面带微笑）等。而汉语中的"穿"就不能进行这样的搭配。所以，在进行英汉词汇翻译时，应该格外注重词汇的语义外延，确定该词的搭配范围，以免造成翻译错误。

（二）词的引申义

词汇义项的多少关系到词汇搭配能力的大小。一般地，词汇搭配能力与义项数量成正比，也就是说，在一定条件下，词汇的搭配能力会随着义项数量的增多而增强。词汇的引申能力决定着义项数量。与汉语相比，英语的引申能力更强，由此，英语单词的平均义项数量更多，进而拥有更强的词汇搭配能力。如、soft（skin、soil、light、wind、outline、voice、heart、science、-sell、soap、drug），之所以在英语当中，soft 能够与这么多单词进行组合搭配，与其具有的基本义（前六个）和比喻义（后六个）较多有着密不可分的关系、柔嫩的皮肤、细软的土、柔和的灯光、轻柔的风、软心肠、社会科学、软推销、轻松的工作、奉承、不上瘾的麻醉品。

形容词中也存在这样的例子，如 light（tap、shoes、shower、mist、sleeper、wine、manner、heart、reading）、轻拍、轻便的鞋、小阵雨、薄雾、睡得不沉的人、轻浮之举、轻松的心情、易懂的读物；strong（muscles、stick、feeling、tea、price、personality、reasons、will）、强健的肌肉、结实的手杖、强烈的感情、浓茶、坚挺的价格、很强的个性、充足的理由、坚强的意志。

在英语当中有许多形容词具有十分强大的搭配能力，主要还是因为其引申义十分强，比如、heavy 的基本义是"量多"以及"沉重"，故而有 heavy、load、blow、work、step、suitcase 与 votes、rain、advertising、viewers、crop、traffic、investors 等进行组合搭配。

汉语当中也存在不少的单词有许多的引申意，比如："开"，除了其基本意义，有不少是其引申意义，故而能够进行搭配的范围十分广：（1）开学、开工、开市、开业等；（2）开山、开路、开井等；（3）开门、开锁、开箱等；（4）开戒、开禁、开斋等；（5）开车、开枪、开飞机等；（6）开矿、开工厂、开发票等等。在英语中与之对应的单词"open"则不存在这么多引申意义。所以，汉语中的"开"的 6 个含义，英语中一些使用 open，另一些则使用其他的单词，如：open the door、lock the box、cultivate a mountain 等。

英语词汇的两面性也能够在英语词语搭配中得到体现。由于某些单词的选择存在较多限制，故而不少的单词表现的是搭配的专一性。而也有一些单词的引申能力比较强，也就具有十分强大的搭配能力。就如同汉语当中，"大"这个字的选择限制很小，几乎能够与任何事物进行搭配，但英语中与之对应的搭配却受到较大的选择性限制，只能根据不同情况选用 big、great、large 等。

（三）词的语义韵

一般地，我们将两个词汇共同出现时所产生的语义氛围称为语义韵。[①] 语义韵大体可分为积极语义韵、中性语义韵或错综语义韵和消极语义韵等。

与其他词语搭配现象有所不同，语义韵中，相互搭配的词项往往具有极为相似的语义特点。

词语的语义韵较宽，意思是指该词语兼具消极与积极的语义韵，这种词语的搭配范围会更大；反之，若词语的语义韵较窄，只具有消极或者积极的语义韵，那么该词语就不具备较强的搭配能力。

在词语翻译中，语义韵的关键作用就是为词语的搭配提供依据，同时使译者意识到这一点。通常情况下，rather 作为英语词汇，常常与消极意义的词相搭配，quite 则恰恰相反，一般被用来与积极意义的词汇相搭配。显然，"相当"这一词语在汉语中，不仅可以用来表达积极意义，也可以用来表示消极意义，从这方面看，我们很容易想当然地认为英语中也是如此，就很容易把它们搞混。

（四）词的语体性

词的语体性同样会影响搭配能力。通常情况下，词的义项与语体呈负相关，也就是说，词的语体越低，则义项越丰富，进而搭配能力越强。我们比较英语当中的短语动词和表示相应意义的单纯动词：look over—review，bring up—educate，catch on—understand，put down—suppress，前者源于动词（主要表示人体活动的动词）加上表示方向的介词或副词。这些词具有朴素、亲切的感情色彩，在非正式和口头语体中出现较多，因而搭配范围较大。而后者来自拉丁语和法语，在正式语体和书面语体中使用较多，具有比较精确严格的词义范围，一般来说，搭配范围要小一些。如 put down 和 suppress 都表示"平定"：put down/suppress a rebellion（平定叛乱），但是 put down 的搭配范围要大得多：put down the arms 放下武器，put down eggs 储藏鸡蛋，put down the

---

①　武恩义．英汉语言结构对比研究［M］．西安：西安交通大学出版社，2017：35.

gossip 制止流言，put down the mighty 贬低强者等。这里 put down 表示的语义，单个动词要用 suppress、reduce、write down、place、round 等来表达。

除了短语动词之外，单个高频动词也一样。比如 hold、run、turn、break、put、set，语体意义不高，词义宽，搭配强。catch 的搭配：catch a ball（take hold of）接住球，catch a deserter（capture）抓住逃兵，catch the train（reach in time to board）赶上火车，catch cold（be infected with）患伤风，catch one's words（hear accurately）听清……话，catch one's meaning（comprehend）理解……意思，catch one's breath（hold back）屏住呼吸，catch one's eye（attract）吸引眼球等。

现代汉语的词汇语体总的说来要比英语低一些，非正式词语大量运用于报刊，甚至政治学术刊物，词的笼统性和概括性也要大一些。

（五）词的笼统性

词的笼统性会对搭配能力产生影响。[①] 具体来说，对于单独的词来讲，它的笼统性越强，就会越虚化，进而具备越强的搭配能力，特别是动词，更是如此。这就是所谓的虚化动词。do、take、make 作为常见的英语动词，它们并不具备固定的意义，往往被用来搭配名词。在汉语中，同样存在一系列动词，频繁使用的有"弄""打""做"等，它们往往没有实际含义，只有与其他词汇搭配使用才能体现出它们的意义。如：make an amend, make a compromise, make a adjustment, make difference, make a choice, make an arrangement, make a decision, make a contribution, make a sacrifice, make reparation, make a change, make a guess。

这里的 make 的语义内容几乎丧失死尽，其构成的词组意思表达的就是后面名词意义，相当于 amend、choose、decide、contribute、arrange、adjust、sacrifice、compromise、change 等。

再如，打扮、打场、打道、打铁、打针、打水、打酒、打点、打斗、打赌、打工、打鼓、打鼻、打毛衣、打官腔、打白条、打交道、打埋伏、打招呼、打赤膊、打草稿、打哈欠、打主意、打头阵、打算盘、打哑谜、打折扣、打游击、打退堂鼓。在英语中同样存在很多笼统虚化词，较常应用的有 give、play、do、have、make 等，这些虚化词基本都能够与各种名词相搭配。如，do chemistry（从事），do shopping（买），do all one can（竭尽），do honour（致敬），do favour（帮忙），do one's nails（修剪），do the dishes（洗刷），do the

---

① 武恩义. 英汉语言结构对比研究 [M]. 西安：西安交通大学出版社，2017：34.

room（收拾），do the problem（解决），do one's lessons（预习），do the lawn（平整），do the teeth（刷），do the hair（理发），do the flowers（插），do ironing（烫），do an article（写），do damage（造成），do housework（做）等。

我们可以看出，do 和汉语"做"有相似之处，如 do research（做学问），do housework（做家务），do business（做生意），do cook（做饭），do sewing（做针线），do sb a good turn（做人情），do manual work（做工）等。

虚化动词的搭配，不仅仅表现在其可能的搭配意义上，还要看其搭配频率。我们观察到，汉语由虚化动词搭配而成的词语或词组都进入了核心词汇，进入了书面语体，而英语由虚化动词除 make、do、have、get 等搭配而成的短语较难进入正式的书面体，在口语中使用较多。

二、语言结构

（一）构词方法

汉语的构词方法总体来说是分析性的，即利用现有的语素相加来构成新词。[①] 也就是说，对新事物或新概念的命名，采用在表示类属的上义词（概括词）前加上表示种差或区别特征的词来构成新词。由于上义词的概括性大，因此这种偏正结构造词方法也影响词与词的搭配：词语搭配宽松，范围宽广。

如汉语的上义词"汤"，前面加上"番茄""牛肉""人参""药"等，就可以有番茄汤、牛肉汤、人参汤和药汤等，即使这些汤有所不同，有的很稀，如水，有的很稠，如粥，而英语表达这些"汤"不是用上义词，而是根据不同的质地和特征，用具体的下义词语，形成不同的搭配：tomato soup、beef broth、ginseng decoction。

（二）语义关系

影响英语词语搭配的因素有很多，除了语法关系之外，语义关系也是不可忽略的因素之一。所谓语义关系是指句子成分之间在语义上的相互关联。在动宾关系上，语义就是指动作与施事、动作与受事、动作与工具之间的逻辑联系。我们注意到汉语谓语和宾语之间的搭配有时并不遵守语义关系，因此形成不可思议的搭配，如"吃饭"和"吃食堂"，一个符合逻辑，一个没有逻辑可言：食堂是不能吃的。同样"打扫房间"和"打扫卫生"，一个是具体，一个抽象。而"打扫垃圾"和"打扫卫生"，意义上一正一反，也竟用同一个动

---

① 蔡基刚.英汉词汇对比研究［M］.上海：复旦大学出版社，2008：212.

词。同样"救人"和"救火""养生"和"养病""请罪"和"赔罪""谢恩"和"谢罪""抢亲"和"抢险"等等，这种搭配也难以想象，前者合乎语义逻辑，后者难以从字面上来分析。还有"晒被子"和"晒太阳"，也难于理解。同样，我们说"恢复健康""恢复谈判""恢复秩序""恢复正常""恢复知觉""恢复镇静"，但也说"恢复疲劳"。疲劳和健康是矛盾的，怎么能用同一个动词。

应该看到在使用语法结构（如主谓、动宾和偏正等结构）体现语义关系时，汉语更多地倾向于意合和语境。汉语是一种分析型语言，意思的表达大多是依靠短语、句子来表达的，而表达又倾向于简约。而意合就是通过语境来弥补语法形式上的简约。在交际中，人们往往选择简单处理不必要的语义部分，重点把握关键词语，让听者或读者根据双方的共识和语境的提示去领会。

汉语中这样的搭配之所以比较多，动词对名词的限制条件之所以比较宽松，而且在汉民族文化背景下不会产生误会，原因就是汉语是一个高语境、重意合的语言，词语的搭配可以更多依靠单个语素（字）表现出来的意义和由此产生的语境的提示，而不是语素之间表现出来的语义上的逻辑性和语法上的完整性。作为一种意合性的语言，汉语主要优势就是在表达中可以突破线性的主谓、动宾语法结构形式，抓住最能表达意义的词素直接对接、组合成词或短语。动名结构是汉语中最基本的话语结构，在这个框架中代表动作的动词是主要的，动作所蕴涵和涉及的事件如实施者、对象、目的、工具、原因、结果、处所等都是在一个操母语者的知识范围内，因此出现任何一个语素与该动词搭配时，他们就能根据自己的体验和已知规律，自动处理配对，辨认出该语素是动词的施事、受事、目的、工具、原因、结果还是处所等，而无需依靠句法关系。因此当我们说考大学、考博士、考学生、考数学等，人们自然知道这里"考"的分别是目标、对象、原因等。当出现模棱两可，难以确定时，语境就发挥作用。如"考研究生"这个搭配隐含两个完全不同的意义：①to take a test to become a postgraduate；②to test a postgraduate student，但在主语确定的情况下（学校或学生），理解只能是一个。显然，汉语一个动词之所以有这样广泛的搭配，其原因就是"考"激活了相关的动词知识图式，在这样的认知语境下，无论是编码还是解码就变得简单多了。

毫无疑问，英语的语义信息处理也是如此，一个动词的潜在语义搭配或动作事件域也是储存在英语母语者的大脑里。但不同的是，英语搭配必须在严格的句法框架里进行。英语动词即使有相应的知识结构激活，动词和其他成分的搭配还必须纳入句法的轨道里，受语法和语义关系的制约。

（三）修辞习惯

一个语言的词语搭配习惯同修辞习惯有关。如为了达到某种修辞效果，不惜同义反复，那么搭配的就比较宽松，反之亦然。汉语词语搭配中的同义反复现象是十分普遍的，而英语中很少有这样的搭配。

一个很重要的原因就是和汉语在修辞上追求音律整齐有密切关系。如"桌""椅""石""尾""虎""傻"单个词不使用，就是因为不上口。而加上一个虚词："子"，或"巴"，或"头"，或"老"，或"气"，变成双音节词，就好听了。这也就是为什么杨指导、胡队长、小伙子在口语中都变成了"杨指""胡队""小伙"。在说"外国语""小学校"时压缩为"外语"和"小学"。在回答对方询问年龄时，十岁以内，是数字加岁，如一岁，两岁；而十一岁以上，只说数字，不加岁，如十一，十二。仅仅、刚刚、偏偏、悄悄、试试等重叠词的出现也是这个原因。追求双音节词必然会造成词义的重复：道路、墙壁、思想、声音、群众、头脑、房屋、停止、选择、寻找、保护、传播、惩罚、打击、诚实、善良、陈旧、潮湿、平稳、差错、灿烂等。

也就是说，汉语词汇中的"双音词化"倾向和均衡工整的美学观在很大程度上造成了汉语词语搭配中大量同义反复的现象。再如我们说"这个意见很好"的时候，这个"很好"不一定比单说"好"要强多少。在"应该倾听群众的意见"句子中，"倾听"也不一定就比"听"的分量更重，主要还是从节奏音律上考虑。这与王菊泉的说法相一致，在他看来，在大多数情况下，之所以添加程度副词是为了平稳音节，也就是说，程度副词不能呈现多少意义程度。再如"天气相当干燥和寒冷"和"天气相当干和冷"是一个意思，但节奏上我们选择前者。

追求双音词的结果必然是四字短语。他们两两组合，平仄交错，抑扬顿挫，和谐悦耳。但追求形式和音律的整齐代价是同义反复。如我们说"这种飞机体积不大，价格便宜"，不说"这种飞机小，便宜"，尽管"体积不大""价格便宜"是同义反复（英语就没有这种重复：This plane is small and cheap.）。再如不少四字成语"甜言蜜语""千姿百态""深思熟虑""唉声叹气""争先恐后""安营扎寨""咬牙切齿""风调雨顺""冰天雪地""四平八稳""强弱分明""土里土气"，前两个词和后两个词的意思是一样的。

为了追求音节整齐的效果，说"恶毒"要说"恶毒至极"，讲"完好"也要说"完好无损""完美无缺"。这"至极""无损""无缺"并没有什么进一步的意思，这种搭配完全是为了语音上的顺口。

还有部分动词在与其他词汇搭配使用时，不会具有明显的意义，比如，

"实施、从事、给予、加以、进行"这类的动词很容易在与"调查、研究"此类词汇的搭配中不显现自身的意义，这就使得即使不添加这类动词也不会使人难以理解，但出于节律的考虑还是应该这样搭配。

还有下面这种偏正搭配所出现的同义反复也无不是追求音韵整齐的结果："过去的历史""胜利的凯歌""未来的前景""最后的结局""通常的习惯""古老的格言""毫无根据的捏造""不切实际的幻想"。

对于汉语中这样的同义反复或无义增添的搭配现象，我国著名语言学家潘文国则发表这样的言论：汉语在构词造句方面，不仅要考虑实际意义，同时还需要重点考虑节奏。

显然，英语则没有这样的搭配。英语中为追求音律美和形式美，也讲究词语的同义反复如"heart and soul""wail and weep""safe and sound"，和词语成双，或三项使用。但英语是一种理性的语言，在本质上是最忌同义反复，文字堆砌。它讲究的是言简意赅。汉语中"大家一致感到""合在一起""彻底粉碎""不切实际的幻想""毫无根据的诽谤""明确的决定""完整的部分""基本的先决条件"不成问题的搭配，在英语中成了问题。"thoroughly smash""groundless defamation""impractical illusion""definite decision""integral part""essential prerequisite"这种搭配在英语中被视为一种冗余信息的同义反复。

（四）认知方式

词的搭配和不同民族的认知方式有关。如英语和汉语都说 a motor runs——汽车跑，但法语则说 Le moteur marche（汽车走）。汉语的"喝"和英语的 drink 只和水、酒、液体搭配，但在日本语和阿拉伯语中，香烟也是"喝"的。汉语"大"范畴包含形体（大字、大山），范围（大规模、扩大），程度（大风、大雨），声音（大声、大叫），排行（大哥、大嫂），地位（大人物）等，而英语"大"的范畴就没有这样广泛的外延。汉语中许多词语需要用"大"搭配使用，而在英语表达中则是用其他词语。如英语中"大哥"是 elder brother，"大雨"是 heavy rain，"大问题"是 major problem，"大提高"是 marked improvement，"大错误"是 serious mistake，"大成本"是 high costs，"大笑"是 broad smile。可见汉语对事物范畴化时倾向于形体的描写和搭配，而英语从强度、高度和顺序等更多的角度进行范畴化和搭配。在关于知识方面，英语的 BNC 语料中和 knowledge 搭配的频类最多的 5 个动词依次是 acquire，impart，extend，gain，possess，而汉语中经常说的"学习知识""给予知识"和"教授知识"，在语料库中没有 learn knowledge，study knowledge，teach knowledge，give knowledge 的搭配。这里就反映了不同的概念和认知方式。英语的 knowledge 是靠自己去获得（acquire）的，教师作用是指导和鼓励，不是"教"，而是把自己已经得到（gain）的知识让学生"分享（impart）"，因此，学生不是"学"知识。而汉族人从孔子时代到现代，都是把教学看成是从教师那里学习知识的过程。知识是教师给予的。如《现代汉语词典》对"教学"一词的解释"教师把知识、技能传授给学生的过程"。

另外，在健康方面也是如此。BNC 语料中和 health 搭配的频类最多的 5 个动词依次是 improve、promote、damage、affect。而汉语中的常说的拥有健康、保持健康、失去健康，在英语语料库中没有发现有 possess health、maintain health、lose health 的搭配。显然汉语是把"健康"当作和金钱一样的财富，可以拥有、失去。但英语显然是将其当作一个过程，去改善（improve）、提高（promote）和影响（affect）。汉语中有嫁错（了人）、打错（了电话）、走错（了房间）、给错（了药）这样的词语搭配。这里除了双音化的影响外，把动补成分合在一起表达，是否还有把结果归咎施动者的认知观念？而英语则是把"错"和人、电话、房间和药搭配：She married a wrong guy. He dialed a wrong number. He entered a wrong room. He took wrong medicine. 这是否暗示人、电话、房间和药有一定的迷惑性，导致施动者的错误，从而减轻施动者的责任？可见搭配反映了特定的范畴化方式。同一事物有的民族倾向于隐喻性范畴化，有的用非隐喻性范畴化，搭配也会不同。如汉语说"反映问题"是一种比喻，让他人了解问题就好比是让他人从镜子中看到反映的物体，强调反映的真实性，而英语就没有这样的比喻，他们不认为反映的东西是完全真实的，所以不是"reflect the problem"，而是"inform sb of the problem"。汉语中还有许多隐喻性表达，如背黑锅、避风头、唱对台戏、打小报告、翻老账、揪辫子、赔笑脸、泼冷水、抓把柄、走老路、穿小鞋等，英语中是没有的。

第四节　英汉词汇的翻译

一、寻找对等词

寻找对等词是指在目标语中寻找与源语含义相同或相似的词语。[①] 由于英语具有一词多义的特点，所以在翻译过程中寻找对等词时一定要弄清楚源语语

①　朱风云，谷亮. 英汉文化与翻译探索［M］. 北京：北京理工大学出版社，2017：61.

境。例如：

As lucky would have it, no one was hurt in the accident.

幸运的是，在事故中没有人受伤。

As lucky would have it, we were caught in the rain.

真倒霉，我们挨雨淋了。

二、词性转换

所谓词性转换，就是将源语中的一种词性的词语用目标语中另一种词性的词语进行翻译。例如：

The operation of a computer needs some knowledge of its performance.

操作计算机需要懂它的一些性能。（名词转换为动词）

All the students say that the professor is very informative.

所有的学生都说那位教授使他们掌握了许多知识。（形容词转换为名词）

三、拆译

当原文中的词语较难翻译，并且在译入语中又很难恰当地译出时，就可以将这些比较难翻译的词从句子中"拆"出，使其成为主句之外的一个补充成分，或重新组合到译入语中。[①] 例如：

There is also distressing possibility that John isn't quite the catch the police thought.

还存在这样一种可能性，被抓住的约翰不见得就是警察所预想的那个人，这种可能性是让人泄气的。

四、增译

增译就是根据意义、修辞和句法上的需要，为了更好地实施翻译，使译文符合目的语文化，进而在原文的基础上添加部分词语，同时保证内容、文化背景、形式、联想意义都与原文一致的一种翻译手段。例如：

The sky is clear blue now, the sun has flung diamonds down on meadow and bank and wood.

此时已是万里蓝天，太阳把颗颗光彩夺目的钻石洒向草原，洒向河岸，洒向树林。

---

① 陈璐，罗颖，汪银萍. 英汉文化翻译教学与实践研究 ［M］. 广州：广东旅游出版社，2021.

五、省译

省译就是省略原文中需要，而译文中不需要或译出反而显得累赘的词，以使译文更加简练、明确，符合译入语的表达习惯。需要注意的是，省略并不能省略原文的思想或内容。例如：

The sun was slowly rising above the sea.

太阳慢慢从海上升起。

Different kinds of matter have different properties.

不同的物质具有不同的特性。

第三章　英汉句法文化对比与翻译

语言的发展过程，是文化与思维的共同发展，三者密不可分。生活中，我们对语言的理解很大程度上基于其背后的文化语境。理解文章的大意不仅靠语言的熟练程度，还有赖于目的语独有的思维方式和文化背景，以及对句法的理解。在翻译过程中，不仅仅是在不同语言之间进行转换，更是以文化差异为背景，对文化心理、思维方式的转换。句子是构成篇章的基本单位，如果能够透过句子表面来深入探讨结构背后所展现的文化差异，有利于我们在翻译实践中更准确地理解原文，以及把控译文，在准确传递原文作者的思想基础上，更好地服务于中外的读者。本章通过对比的方式分析了英汉句法文化，并对英汉句法的翻译进行了系统论述。

第一节　英汉句式结构对比

一、英语重形合，汉语重意合

英汉语言在句法结构上最基本、最主要、最根本的差异可以说就是形合（hypotaxis）与意合（parataxis）的差异。从语言学角度来说，英汉语言之间最重要的区别特征莫过于意合与形合的差别。①

语言之所以能够实现连词成句正是基于形合、意合的存在。无论是形合，还是意合，它们的概念都分为广义和狭义两个角度。就广义角度而言，形合主要可以划分为两种手段，分别为句法手段和词汇手段，各个句子之间的关系是显性的。就狭义角度而言，词汇手段是形合的主要手段，即语言中词与词、句

---

① 朱风云，谷亮. 英汉文化与翻译探索［M］. 北京：北京理工大学出版社，2017：64.

与句的结合主要凭借关系词和连接词等显性手段。①

从广义上看，不在形式手段的辅助下表现词语之间以及句子之间关系就是所谓的意合。就狭义层面上而言，意合所表现的只有句子之间的关系。②

英语与汉语不同，其属于形合语言，但严格意义上讲，语言并没有完全的形合与意合之分，只是一种语言更侧重于某方而已。

基于英语对形合的重视程度，人们在利用英语遣词造句时必须关注形式，不仅要保证句子结构的完整性，同时还需要做到以形寓意。因此英语句式较为规范和严密。也正是由于英语的这些特点，所以英语中有丰富的连接手段，如连词、关系代词、连接代词、关系副词等。此外，英语重形合的特点也使得英语句子结构如同一棵大树一样，主干分明、枝繁叶茂，句子也呈现出以形驭意、以形统神的特点。例如：

Some fishing boats were becalmed just in front of us. Their shadows slept, or almost slept, upon that water, a gentle quivering alone showing that it was not complete sleep, or if sleep, that it was sleep with dreams.

渔舟三五，横泊眼前，樯影倒映水面，仿佛睡去，偶尔微颤，似又未尝深眠，恍若惊梦。

汉语注重意合，所以造句时非常重视意念的连贯，通常不求句子结构的整齐，句子常以意役形，以神统法。基于此，汉语常常依靠上下文来表示句子之间的逻辑关系，几乎不使用连接词。这也就使得汉语的句子结构就好似竹子一般，地上根根分离，地下盘根错节，呈现出形散而神聚的特点。例如：

跑得了和尚，跑不了庙。

The monk may run away, but never his temple.

二、英语叙述呈静态，汉语叙述呈动态

在英语中，名词在句子中的出现频率较高，远远多于动词，从这方面看，属于静态叙述，汉语句子则相反，较频繁地使用动词，这就使得叙述呈动态。

第一，英语的名词化现象，充分彰显了它的静态倾向，在英语中，人们习惯用名词代替形容词或动词，这主要是因为名词化能够更为灵活地遣词造句，使表达更简洁，使他人更容易掌握句子的意义。另外，通常，一个英语句子只能运用一个谓语动词。而且，英语可以利用派生法将动词或者形容词转化为名

---

① 张娜，仇桂珍. 英汉文化与英汉翻译［M］. 成都：电子科技大学出版社，2017：62.

② 华先发，杨元刚，胡孝申，雷万忠，许明武. 翻译与文化研究（第5辑）［M］. 长沙出版社，2012：61.

词，并利用丰富的介词，构造静态的英语句子，这在科技文体中尤为常见。一般地，静态表述句子不仅具有严密的逻辑，还具有严谨的结构，由此，为句子增添了严肃感，对下述例句进行比较。

The doctor's extremely quick arrival and uncommonly careful examination of the patient brought about his very speedy recovery.

医生迅速到达，并非常仔细地检查了病人，因此病人很快就康复了。

目前，名词以及名词化短语在英语中的使用更为频繁且广泛，这主要表现在这些名词除了替代了某些其他词类之外，还代替了一些语法结构，如下：

bridge crane　桥式起重机（＝a crane looking like a bridge）

luxury hotel　豪华旅馆（＝luxurious hotel）

lead car　引导车（＝leading car）

第二，基于英语名词的广泛使用以及英语句子的形合特点，为介词的频繁使用奠定了基础。在英语句子中，大量使用介词和名词，进而加重了英语的静态倾向。

第三，在英语中，为了更准确地表达出动词的含义，往往会频繁运用富含动态性的副词或形容词。事实上，诸如 hopeful, delightful, useful, successful 此类的形容词，它们的词根都是动词，显然，常常会出现这类形容词与动词相搭配的情况。副词一般是派生得来的，既可能源自分词，也可能依据动词→形容词→副词的顺序派生。如 surprisingly, depressingly, unbelievably, wonderfully 等，也具有某种动态意义。

We are always proud of our great motherland.

我们总是为我们伟大的祖国而感到骄傲。

第四，虚化或弱化动词也体现出了英语的静态倾向。to be 是英语中使用比较频繁的动词之一，这一词汇弱化了动作意味，另外，诸如 feel, become, get, have, grow, go 之类的动词同样大幅度降低了动态感。再加上，在英语中，人们还会利用派生法将动词转变为名词，进而被当作宾语使用，放在 have, take, do, have 之类的虚化动词之后。如 have a look, take a walk, pay visits, do some cleaning 等，这类动词短语往往显得虚弱或平淡无味。

言而总之，为了使英语句子叙述趋向静态，往往通过虚化、弱化、转化或派生动词的形式，以其他类型的词汇代替动词，进而表达句子的意义，当然，句子必须能够使人理解。然而，就汉语而言，其动词的使用限制性较低，几乎不会出现形态上的变化，同时也没有谓语动词之分，更不存在定式与非定式的区别。事实上，在汉语中，动词常常被用来着重描写动态，除了可以被当作谓语之外，还可以被用作状语、定语、宾语、补语等，从这方面看，动词的使用十分便捷。基于此，在汉语中，人们为了更好地表达思想，往往频繁使用动词，使句子更加生动形象，具有逻辑性。

汉语的叙述呈现动态，主要可以从以下几个方面看出来：第一，在汉语句子中，动词常被连用，如连动句式、兼语句式；第二，重叠、重复现象是汉语句子中的常见现象，在汉语句子中使用重叠、重复手法，有助于增强汉语词汇的张力；第三，在汉语句子中，动词或者动词词组的使用比较灵活，可以根据句子实际情况充当各种成分。①

由此可见，在英汉互译过程中，存在着静态与动态相互转换的现象。具体而言，当将英语译成汉语时，英语中的部分静词就会转换成汉语的动词；当将汉语译成英语时，汉语中的部分动词就会转换成英语中的静词。如：In the cities, empty hotels, abandoned streets and office buildings, looters, and all the rest。

三、英语重空间搭配，汉语重时间顺序

英语的突出特点是空间搭架形式，即以主谓结构为主，利用分词、关系词、不定式等围绕谓语动词来构造句子，这种句子从整体上呈现"空间图式"，即由中心向外扩展。为了达到空间搭配的目的，英语句子中的时间顺序很可能会被打乱，整个句子呈现出脉络相连的空间结构。英语句子格外重视关系词的使用，句子的主要成分是靠关系词连接的，因此英语句子有很多复合句。英语句子的空间结构与英语形合是相互贯通的。汉语句子采用"编年史手法"造句，也就是按照时间顺序交代事件，构造句子。汉语句子以表达句子的完整意义为目标，重视动词的运用，即尽量省略不必要的关系词，使用动词将事件交代清楚，因此汉语句子以连动句、流水句居多。虽然汉语句子是由按照时间顺序排列的单句组成，但整个句子形散而神聚。汉语句子的时间顺序与汉语意合相互搭配。例如：

Engels spoke with the authority and confidence born of forty years closest friendship and intellectual intimacy during which he had grasped, as no other man had, the full significance of Marx's teachings.

上句用"Engels"（主语）和"spoke"（谓语）搭架，然后运用"with"（介词）"during which"（关系词）"as"（连词）等来构造整个复杂的句子。而译成汉语则是：由于四十年最亲密的友谊和思想契合，恩格斯对马克思学说的意义比任何人都了解得更彻底，他就是以这四十年的资格和信心说了这些话

---

① 夏增亮. 新编大学英语英汉互译实用教程［M］. 兰州：甘肃人民出版社，2016：32.

的。原文呈现出空间结构，并不存在时间顺序，译文则按照时间将句子呈现出来。由此可见，在翻译时，要仔细分析英文句子中的各种关系词之间的联系，找出原文的时间顺序，然后在译文中呈现出来。

四、英语"主语突显"结构，汉语"话题突显"结构

在英语形合与汉语意合的基础上，英语具有主语突显的特点，即整个句子是围绕主语和谓语扩充的；汉语具有话题突显的特点，即句子中的主谓语结构与语义关系的联系并不紧密，注重话题的表达。

在英语句子中，主语和谓语是不可缺少的成分，句子的结构是建立在谓语中心的基础上扩充的，从形式上看，英语句子层次清晰。另外，在英语句子中还要注意主语与谓语的一致性，一般情况下，英语句子的主谓结构主要有五种：主+谓（SV），主+谓+表（SVP），主+谓+宾（SVO），主+谓+间宾+直宾（SVOO），主+谓+宾+宾补（SVOC）。其他一些更加复杂的句子，基本上是由这五种句子通过省略、组合、扩展、变式形成的。另外，英语句子的严密规范性要求句子中的各成分、词语等要具有一致性，即语法一致、意义一致等。

汉语注重话题的表达，因此呈现"话题突显"结构。在汉语句子中，话题一般位于句子的开头，后面的内容则用来解释或说明话题，以突出话题。有时话题也可以省略，这种情况一般出现在上下文或者语言环境能够体现话题的句子中。由此可见，汉语句子在整体上呈现出话题—评说的结构，这与英语句子的主谓结构存在很大的不同。因此，译者在进行英汉互译时，要想将原文含义充分表达出来，就要注意结构的转换。

汉语句子中也存在主谓结构，但是比英语的主谓结构复杂。在汉语句子中，主谓结构的形式比较丰富，并且应用也很灵活。主语可以省略，谓语具有多种形式，动词、名词、形容词等都可以用作谓语。另外，在词性上，汉语句子中的词性也比英语句子复杂，英语句子中的词性比较清晰，不同的词性具有不同的表达方式，而汉语中则没有明确划分，同时汉语句子尽量少使用连接词，这些因素都容易导致汉语句子出现歧义现象。

第二节　英汉句子语态对比

一、英语句子语态

众所周知，从语态的角度来分析语言的时候，主要就是观察动词的形态变化，动词的不同形式表示不同的语态结构。英语中的动词有着丰富的变化，能够通过词本身的变化来表示语法关系。英语中的动词有两种语态：主动语态和被动语态。顾名思义，当主语为动作执行者的时候，动词即为主动语态；当主语是动作承受者的时候，动词即为被动语态。英语被动语态的结构模式按照其形式分为 be-型被动语态以及 get-型被动语态两种基本类型，都属于结构被动句。第一种类型在英语中最为普遍，基本形式是 be+及物动词-ed 分词，包括限定形式以及非限定形式。绝大多数被动结构都属于这一种类型。

get-型被动语态是系动词 get+及物动词分词-ed 形式，这种类型的被动语态与 be-型被动语态在基本意义上并无区别。但是，需要注意的是，get-型被动语态只适用于表达动态的动词，而不适用于状态被动句。例如：Mr. Smith got hurt on his way back home from work.

需要注意的是，被动语态和被动句是有区别的，这是两个不同的概念：被动语态属于动词的屈折变化，而被动句则是以被动形式的动词或者动词短语等组成的句子。从被动含义的角度来讲，英语中存在"主动式被动句"，即句子形式上是主动语态的，但是表达的是被动含义。这类被动句也被称为意义被动句。例如：

His new book sells well.

他的新书很畅销。

The railway divides here into two lines.

铁路在这里分为两条线路。

按照汉语的理解，上面例句中的 book，railway 作为事物，应当是动作的承受者，但是使用了主动形式的 sells，divides。这一方面是以主动形式表达被动意义的，另一方面是英语句子中物称主语现象普遍的特点。

与汉语比较，虽然英语中的被动句使用要多一些，但是英语中被动句的使用不如主动句使用得多。常见的使用被动语的情况包括如下几种：一是受到语义的制约，无从得知动作的实施者是谁或者没有必要指出动作的实施者；二是受到语体的制约，在科技英语和新闻报道中用得较多，这种句式在语言表达上会比较客观，可以避免主观臆断和片面性。

西方文化的"天人相分"秉持一种研究如何处理人和自然之间对立关系的哲学理念，是一种富有理性指导的科学思维，即客体思维。在西方文化中，人们认为人具有支配和改造自然的力量和巨大潜力，人类应该利用自然为自己服务，甚至从某种角度来讲人类是把客观的自然世界放在自己的对立面进行研究的。这种观念促使人类不懈地探究客观世界，观察、分析客观世界存在的事物，逐渐形成了一种重视客观的思维。西方科学精神是以价值中立的态度去探索自然界的本来面目的。英语民族的思维体现的是理性思维。因此，西方人在语言表达中比较广泛地使用被动句表达客观态度与认识等。

二、汉语句子语态

汉语的语态中也包括主动语态与被动语态。汉语没有动词的屈折变化形式，转而借助词汇手段来表现被动意，但是又由于词汇手段有限，所以汉语更多地使用一种隐性的表达手段，即主动形式表达被动。所以，汉语中带有标记的结构被动句使用比较少，而意义被动句式比较多。汉语中被动句的使用不如英语普遍，在很大程度上也是因为受到其背后的文化因素的影响。

中国传统思维方式呈现出整体综合的模糊性特征。所谓整体综合是指把天地、人、社会看作密切联系的整体，其中的各要素之间又存在着有机的联系，即所谓"天人合一""物我合一""主客体统一"。古人认为认识了自身，也就认识了自然界和宇宙的根本规律。这种整体思维带来的就是以人为本位的主体思维方式。这种主体思维方式格外重视人的主体意识，强调悟性，强调事在人为和个人感受，所以被动语态比较少。相对而言，汉语中表示主动语态的句子使用频繁。另外，汉语属于主题显著型语言，频繁使用主题—述题结构，也是被动语态比较少使用的一个原因。

传统思维重体悟，以经验为基础，把直觉和悟性作为认识世界的基础，但是这种直观思维带来的又是一种模糊性。整体性、模糊性带来的就是语言表达上重视意义的融会贯通，而忽视形式上的细节，即所谓的意合。这一点体现在语句表达上，一方面就是汉语中主动句与被动句无明显的形态上的区别，语句形态和语句意义无必然的、固定的关联，另一方面就是大量形式上无主语句的存在。[①] 语句形式上体现的是客观的或主观的行为与结果成为句子的构成成分，而内在的逻辑联系则要依靠特定的交际环境以及语言使用者的文化底蕴来理解。

---

① 程文华，张恒权，崔久军. 英汉修辞与文化［M］. 青岛：中国海洋大学出版社，2020：79.

第三节 英汉句子语序对比

一、英汉疑问句语序对比

句子成分的排列次序就是语序。对于句子成分来说，其位置都是相对固定的，且在一般情况下不能随意改变。如果进行了改变，那么其表达的意思就会出现差别；或是句子不通畅；或是意思相同，但是其表达的效果与重点是不同的。因为民族的不同，所以就会拥有不同的思维模式，以及在对同一客观事实的语言传达方面的顺序也会因此不同。母语为英语的民族，他们的语言思维一般为主语+谓语+宾语+状语；而母语为汉语的民族，他们的语言思维则是主语+状语+谓语+宾语。无论是汉语还是英语，句子在排列成分上依照的都是一定的次序。我们将常序这一概念定义为句子成分，或者是从句的一般语序，而殊序则为特殊语序。同一个语义内容表达究竟是通过常序还是殊序，这就需要看当时的特定环境需要了，需求不同，那么最后表达出的主体意义与效果也都是不同的。

英语的疑问句主要分为一般疑问句、选择疑问句、特殊疑问句和反义疑问句，并且大部分疑问句呈现倒装结构；汉语的疑问句主要分为特指疑问句、选择疑问句、是非疑问句、反问疑问句、反身疑问句，并且没有倒装结构。虽然它们在语义上不同，但英语的一般疑问句和汉语的是非疑问句基本上可以说是相类似的。

英语提问主要依靠的是动词，而汉语主要靠主语。英语中的特殊疑问句与汉语中的特指疑问句存在一定的差别，汉语中的特指疑问句与陈述句语序相同，但是英语中的特殊疑问句大部分是与陈述句语序相反的，也就是倒装，当提问对象是修饰语或者定语时，语序与陈述句一致。这些差异都存在于特殊疑问句之中，这就给我国的一些英语学习者带来很多困难。①

二、英汉状语语序对比

1. 英汉状语位置语序对比

英语中状语的位置灵活且复杂，一般包含两种情况：

---

① 郭惠琴. 英汉语言对比与翻译研究［M］. 北京：北京工业大学出版社，2019：55.

（1）由单个单词构成的状语一般位于句首、谓语之前、助动词和谓语动词之间，或者句末；（2）如果状语较长，则一般放在句首或句尾，不放在句中。但在汉语中，状语的位置较为固定，一般位于主语之后谓语之前，有时为了起强调作用，也位于主语之前或句末。例如：

Given bad weather, I will stay at home.

假使天气不好，我就待在家里。

有时一个句子中会包含多个状语，如时间状语、地点状语、方式状语、让步状语等有时会同时出现。针对这种情况，英语的表达顺序是：方式、地点、时间；而汉语则恰恰相反，其表达顺序为：时间、地点、方式。例如：

The bank will not change the check unless you can identify yourself.

只有你能证明你的身份，银行才会为你兑换支票。

另外，当句中含有两个较长的状语时，英语一般将其置于句中，而汉语则习惯将其置于句首和句尾。例如：

Suddenly the President, looking out over the vast landscape, said, with an underlying excitement in his voice, the words I gave earlier...

总统眺望着辽阔的景色，突然用很兴奋的语调说了我在前文已经提到过的话……

2. 状语从句对比

英语中的时间状语从句、原因状语从句及条件状语从句的位置比较灵活，既可以放到主句前面，又可以放到主句后面。如不强调原因、理由、目的等状语短语或从句时，从句多后置；如有 as，since 表示明显原因的连词时，"因"多前置，后面的主句就是"果"，这种前置手法将句子的中心后移。同时，英语句子的从句和主句的位置也很灵活，如条件从句、假设从句可以放在主句之前，也可以放在主句之后。在汉语句子中，大部分是先说明原因，后呈现结果，并且条件从句、假设从句位于主句之前。

一般情况下，英语状语从句的位置并不固定，可置于句首，也可置于句末。条件状语从句、时间状语从句、地点状语从句、原因状语从句、目的状语从句、比较状语从句，可置于句首，也可置于句末，但与汉语语序的关系存在一些差异，置于句首时，这些状语从句都与汉语语序保持一致，置于句末时，前三个状语从句会与汉语语序相反；让步状语从句与表示比喻、象征意义的方式状语从句一般会置于句首，并且与汉语语序保持一致；结果状语从句大部分情况下会置于句末，并且与汉语语序保持一致；表示方式、状态的方式状语从句一般置于句末，并且与汉语语序存在差异。

三、英汉定语语序对比

在英语句子中，定语的位置并不固定。如果定语是单词，会出现放在名词之前和之后两种情况，具体根据语境选择；如果定语是短语或从句，一般放在修饰词之后，但在汉语句子中则放在修饰词前面；如果定语修饰的词为不定代词时，则应该放在修饰词之后；同时，有一些需要作表语的形容词也要后置定语；某种具有稍强动词意思的分词，按照英语的习惯在作定语时也应后置；定语为短句从句时，是与汉语语序相反的。

非限制性定语从句在定语从句中，是与汉语的插入成分、并列复句是等同的，且在语序上也与汉语相同；而与汉语相反的则是限制性的定语从句语序。英语的定语被放在不同的位置上是因为其情况的不同，而不管汉语有几个定语都会被放在修饰目标词之前。

四、英汉宾语语序对比

英语和汉语的宾语通常都位于谓语的后面，但是有时为了强调这个宾语或者要用该宾语来照应上下文，则可将宾语提至句首，放在主语和谓语之前，即宾语前置。

按照距离划分，可将宾语前置分为两种情况：一种是近距离前置，就是将宾语放在所属动词前面；另一种是远距离前置，就是将宾语放在句子的主语前面。一般情况下，汉语的宾语位置比英语灵活，可以近距离前置，也可以远距离前置；而英语的宾语前置程度有限，只能远距离前置。

按照语法划分，可将宾语前置分为两种情况：一种是语法前置，就是根据句法规则将宾语前置，以表达特殊含义，因此是强制性的；另一种是修辞前置，主要是为了强调宾语，这种前置是非强制性的。在英语句子中，如果宾语是疑问代词、连接代词、关系代词，则一般用语法前置。汉语句子为了使句子能够成立，并且表达特定的含义，也常用语法前置。另外，如果汉语句子是因为修辞而发生了前置，那么近距离前置的句义与远距离前置的句义就会存在一定的差别，同时，由于英语宾语只能远距离前置，因此在英汉互译时会出现句义无法完全对照的现象。

五、英汉复合句语序对比

英汉复合句中的主句和从句之间在时间顺序、逻辑顺序等方面不尽相同。在构建句子时，汉语倾向于按照先背景后前景、先大后小、先概括后具体、先发生先陈述的语序铺展内容，而英语语法手段相对灵活，可以不按照事件发生的时间顺序和逻辑顺序安排句子成分。①

1. 英汉语复合句的时间顺序

在英语复合句中，如果从句是表示时间顺序的，则可以置于主句之前，也可置于主句之后。而汉语在建构句子时，习惯先说先发生的，后说后发生的。所以，在汉译英时，应该发挥英语的优势，灵活调用各种手段组织句子。

2. 英汉语复合句的逻辑顺序

英语构句的形合特点可以使句子结构呈树权形拓展，汉语以意合为主要特征的流水句同样可以组成语义繁杂的长句子。英语构句既有顺序排列，也有逆序排列，但句子内部逻辑分明，层次清晰。而汉语构句遵循的是逻辑顺序，在时间上重视"时间的先后顺序"，在逻辑上重视"前因后果关系"。②

因此，在英译汉时，我们应抓住原文的中心思想，找出其语法主干，然后理清各种修饰成分之间的逻辑关系，根据时间顺序和逻辑顺序，重新按汉语的表达习惯加以组合，以确切表达其意。在汉译英时，应该根据各句之间的逻辑关系和语义层次，按照英语的构句原则组词成句。

在表示因果关系的英语复合句中，表原因的从句位置比较灵活，可以"前因后果"，也可以"前果后因"；在汉语句子中，一般先说明原因，后展示结果。

第四节　英汉句法的翻译

一、从句的翻译

（一）名词性从句的翻译

1. 主语从句的翻译

当主语从句是以 what，whoever，whatever 等代词引导时，可以按照原文的顺序进行翻译。例如：

Whoever did this job must be rewarded.

无论谁干了这件工作，一定要得到酬谢。

---

① 李雄伟. 浅析英汉句子差异与翻译 [J]. 科技展望，2016，26（27）.
② 董晓波. 英汉比较与翻译 [M]. 北京：对外经济贸易大学出版社，2013：41.

当主语从句是以 it 作形式主语时，翻译时应依据具体的情况来处理：有时需要将主语从句提前，有时也可以不提前。例如：

It seemed inconceivable that the pilot could have survived the crash.

驾驶员在飞机坠毁之后，竟然还活着，这似乎是不可想象的。

2. 宾语从句的翻译

当宾语从句是以 what，that，how 等词引导时，可以按照正常语序进行翻译。例如：

This is what he exactly needs.

这是他真正所需要的。

如果宾语从句中由 it 作形式宾语，翻译时，一般 it 不译，宾语从句的语序则需要按照原句顺序译出。例如：

I regard it as an honor that I am chosen to attend the meeting.

被选参加会议，我感到光荣。

（二）状语从句的翻译

1. 时间状语从句的翻译技巧

对于时间状语从句的翻译，这里以较为复杂的 when 为例进行说明。在翻译 when 时间状语从句时，不能拘泥于表示时间的一种译法，要结合实际环境，采用不同的翻译方法。具体翻译方法有以下几种。

①译为相应的表示时间的状语从句

When she spoke, the tears were running down.

当她说话的时候，眼泪都流下来了。

②译为"刚……就…""一……就……"结构

Hardly had we arrived when it began to rain.

我们一到就下雨了。

③译为"每当……""每逢……"结构

When you look at the moon, you may have many questions to ask.

每当你望着月球时，就会有许多问题要问。

④译为"在……之前""在……之后"结构

When the firemen got there, the fire in their factory had already been poured out.

在消防队员赶到之前，他们厂里的火已经被扑灭了。

2. 条件状语从句的翻译

①译为表"条件"的状语分句

If you tell me about it, then I shall be able to decide.

如果你告诉我实情，那么我就能做出决定。

②译为表"补充说明"的状语分句

He is dead on the job. Last night if you want to know.

他是在干活时死的，就是昨晚的事，如果你想知道的话。

③译为表"假设"的状语分句

If the government survives the confident vote, its next crucial test will come in a direct vote on the treaties May 4.

假使政府经过信任投票而保全下来的话，它的下一个决定性的考验将是 5 月 4 日就条约举行的直接投票。

3. 让步状语从句的翻译

①译为表"无条件"的状语分句

No matter what misfortune befell him, he always squared his shoulder and said: "Never mind. I'll work harder."

不管他遭受到什么不幸的事儿，他总是把胸一挺，说："没关系，我再加把劲儿。"

②译为表"让步"的状语分句

While this is true of some, it is not true of all.

虽有一部分是如此，但不见得全部是如此。

（三）定语从句的翻译

1. 限制性定语从句的翻译

在翻译限制性定语从句时，一般采用前置法、后置法和融合法三种方法。

其一，前置法，就是指在翻译时，用带"的"字的定语词组表示英语限制性定语从句，并且将这个定语词组放在被修饰词之前，将原英文句子简单化。这种方法常用于比较简单的定语从句。例如：

Everything that is around us is matter.

我们周围的一切都是物质。

其二，后置法，就是将英语限制性定语从句翻译成放在被修饰词之后的句子。后置法适用于结构比较复杂的定语从句。

首先，可以将英语先行词省略，例如：

He is a surgeon who is operating a patient on the head.

他是一个外科医生，正在给病人头部动手术。

其次，可以译成并列分句，重复英语先行词。例如：

She will ask her friend to take her son to Shanghai where she has some relatives.

她将请朋友把她的儿子带到上海，在上海她有一些亲戚。

其三，融合法，就是指在翻译时，将原句中的主语与定语从句融合在一起，使译句变成一个单独的句子。

There is a man downstairs who wants to see you.

楼下有人要见你。

2. 非限制性定语从句的翻译

翻译英语非限制性定语从句时，可以采用前置法和后置法两种方法。

第一，前置法，这种方法与翻译英语限制性定语从句的前置法相同。

He liked his sister, who was warm and pleasant, but he did not like his brother, who was aloof and arrogant.

他喜欢热情快乐的妹妹，而不喜欢冷漠高傲的哥哥。

第二，后置法。后置法的处理主要有以下两种情况。

首先，译成并列分句。

After dinner, the four key negotiators resumed the talks, which continued well into the night.

饭后，四位主要人物继续进行谈判，一直谈到深夜。

其次，译成独立分句。

They were also part of a research team that collected and analyzed data which was used to develop a good ecological plan for efficient use of the forest.

他们还是一个研究小组的成员，这个小组收集并分析数据，用以制订一项有效利用这片森林的完善的生态计划。

二、长难句的翻译

英语非常讲究句子表达的准确性和严谨性，常常借助词汇、语法、逻辑等手段将句子中的各个成分连接起来，使得各个成分环环相扣，因此英语中长而复杂的句子十分常见。而这也正是英语翻译的难点，因此，在翻译英语长难句时，要先明确句子的中心，找出句子的各个成分及其表达的含义，然后理清句子的层次，分析各层次之间的联系，最后结合上下文以及句子所处的语境，用汉语准确表达由英语长难句的含义。通常情况下，英语长难句的翻译可以采用以下几种翻译方法。

（一）顺译法

所谓顺译法，就是按照原文的表达顺序翻译句子。如果英语长句内容的表达顺序是按时间先后或者逻辑关系安排的，就可以使用顺译法进行翻译。需要指出的是，顺译不等于将每个词都按照原句的顺序翻译，因为英汉语言并非完全对等的，也需要进行灵活变通。例如：

It begins as a childlike interest in the grand spectacle and exciting event; it grows as a mature interest in the variety and complexity of the drama, the splendid achievements and terrible failures; it ends as deep sense of the mystery of man's life of all the dead, great and obscure, who once walked the earth, and of wonderful and awful possibilities of being a human being.

我们对历史的爱好源于我们最初仅对一些历史上的宏伟场面和激动人心的事件产生如孩童般的兴趣；其后，这种爱好变得成熟起来，我们开始对历史这出"戏剧"的多样性和复杂性，对历史上的辉煌成就和悲壮失败也感兴趣；对历史的爱好，最终以我们对人类生命的一种深沉的神秘感而告终。对死去的人，无论是伟大与平凡，所有在这个地球上走过而已逝的人，都有能取得伟大奇迹或制造可怕事件的潜力。

（二）逆译法

逆译法就是按照从后往前的顺序翻译句子。英语句子习惯将主语或主句放在句首，以起到强调作用，汉语一般按照逻辑顺序或者时间顺序安排句子的各成分，将句子的主要部分放在句尾。由此可见，在大多数情况下，英语句子的表达习惯与汉语的表达习惯是不同的，在翻译这种句子时，应该采用逆译法。例如：

In reality, the lines of division between sciences are becoming blurred, and science again approaching the unity that it had two centuries ago—although he accumulated knowledge is enormously greater now, and no one person can hope to comprehend more than a fraction of it.

虽然现在积累起来的知识多得多，而且任何人也只可能了解其中的小部分，但事实上，各学科间的界限变得模糊不清，科学再次近似于两百年前那样的"单一整体"。

（三）分译法

英语句子重形合，汉语句子重意合，这是英汉两种语言句子结构的根本差异之一。英语句子的各种成分前后都可以有各种各样的修饰语，主从句之间有连接词，短语可以套短语，从句可以套从句，因而英语句子长而复杂。汉语造句采用意合，少用或不用连接成分，叙事按时间或逻辑顺序安排，因而语段结构松散，语义层次分明。这就使汉语中散句、松句、紧缩句、省略句或流水句较多，而长句较少。因此，在进行英汉翻译时，往往需要根据意合的原则，改变原文的句子结构，化整为零，化繁为简，将原文译为并列的散句或分离的单句，以适应汉语的表达习惯，这就是分译法。分译法既适用于翻译单个的单词、短语，也适用于翻译简单句，还可以用来翻译长句或难句。例如：

Television, it is often said, keeps one informed about current events, allows one to follow the latest developments in science and politics, and offers an endless series of programs which are both instructive and entertaining.

人们常说，通过电视可以了解时事，掌握科学和政治的最新动态。从电视里还可以看到既有教育意义又有娱乐性的新节目。

（四）综合译

英语语言的表达习惯往往是将重点部分或概括部分放在句首，然后分析叙述次要部分。而汉语则往往从小到大，按时间或逻辑顺序，层层推进，最后得出结论，突出主题。因而在英汉翻译过程中，使用前面所讲的几种方法的确可以解决很多问题。但实际上，英语中有很多长句，如果纯粹运用顺译法、逆译法或分译法进行翻译，并不能解决实际问题。那么，在这种情况下，更多的是根据具体情况，并结合上下文，综合使用顺译法、逆译法或分译法对长句进行翻译，这就是综合译。使用综合法可以灵活变通长句语序，使译文的句法通顺自然，这更符合汉语的表达习惯和中国人的思维表达方式。例如：

Rocket research has confirmed a strange fact which had already been suspected: there is a "high-temperature belt" in the atmosphere with its center roughly thirty miles above the ground.

大气层中有一"高温带"，其中心距地面约 30 千米，对此人们早就有个猜想，利用火箭加以研究后，这一奇异的事实得到证实。

三、特殊结构句的翻译

（一）省略句的翻译

省略的形式多种多样，可以是主语、谓语和宾语，也可以是一个成分或多个成分。对省略句的翻译，不管是英译汉，还是汉译英，关键就在于对省略成分的准确理解。然后翻译时，根据译文语言的表达习惯，增加或减少被省略的成分。如果看不清楚被省略的部分，就会产生误解，导致错误的翻译。下面探讨翻译省略句的常用方法。

1. 原文中省略的部分，译文中补出

省略是英语句子的一种习惯用法。有时出于语法、修辞或者表达特定含义的需要，英语句子会省略前文中已经出现过的成分。通过省略，句子结构更加简单，上下文之间的连接也会更加紧密，同时还能起到强调某种成分的作用。英语中的各种成分，如主语、谓语动词、表语、宾语、定语和状语等，都可以在句中省略。但翻译时，为了能够准确理解被省略的成分，可将其在译文中补出。例如：

Courage in excess becomes foil hardiness, affection weakness, thrift avarice. (省略定语和谓语动词)

过度的勇气变为蛮勇，过度的爱变为溺爱，过度的节俭变为贪婪。

Truth speaks too low, hypocrisy too loud. （省略谓语动词）

真理讲话声太低，虚伪嗓门太大。

2. 原文中省略的部分，译文继续省略

英语中被省略的部分，有时根据译文需要，也可以在译文中省略。例如，有些从句中省略了和主句中相同的部分，此时，根据需要，可以省略原文中的省略部分，尤其是由 than 引导的比较从句，从句中被省略的部分常常不译。

In 1975, the number of students in our school is about five hundred, and in 2005, over four thousand.

1975 年，我校的学生人数为 500 左右；2005 年，已超过 4 000。

（二）被动句的翻译

1. 译为汉语带形式标志的被动句

汉语被动句带有的形式标志一般为"被""由""遭""给""受""为……所""加以"等，一般情况下，当英语的被动句带有消极的含义时，则可以译为汉语带形式标志的被动句，用这些形式标志引出施事者。

The patient is being operated on by the doctor.

病人正在由医生动手术。

2. 译为汉语的意义被动句

英汉两种语言中都存在意义被动句，这种被动句在形式上是主动句，但其表达的意义是被动的，将英语被动句译成汉语的意义被动句，更符合汉语的表达习惯。

His pride must he pinched.

他的这股傲气应该打下去。

3. 状语译为主语，原主语译为宾语的被动句

如果在英语被动句中存在介词 by 引导的状语，在翻译时，就可以省略介词 by，将英语句子中的状语译成汉语句子中的主语，将原主语译成汉语句子中的宾语，使汉语句子成为一个主动句。①

The result of the invention of the steam engine was that human power was replaced by mechanical power.

蒸汽机发明的结果是，机械力代替了人力。

4. 译为汉语的"进行句"

The dinner is cooking.

饭正在做。

（三）否定句的翻译

1. 部分否定句的翻译

部分否定句指的是句子含义同时包含部分否定和部分肯定的意思。部分否定句一般由代词或者副词如 all, both, always, every, everybody, everyday, everyone, everything, entirely, altogether, absolutely, wholly, completely, everywhere, often 等与否定词 not 搭配构成，一般可以译为"不全是""并非都""不总是"。例如：

The manager is not always in the office.

经理不一定每天都在办公室。

2. 全部否定句的翻译

全部否定就是对句子否定对象进行完全、彻底的否定。一般构成这类否定的词语有 no, none, never, nobody, nothing, nowhere, neither... nor, not at all 等。在对全部否定句进行翻译时，通常只需要将否定词直译出来即可。例如：

None of the answers are right.

这些答案都不对。

3. 双重否定句的翻译

双重否定是在同一个句子里出现两个否定词，或一个否定词与某些表示否

---

① 郭文琦. 基于跨文化交际视角下英语翻译技巧与方法研究 [M]. 北京：北京工业大学出版社，2019：117.

定意义的词连用。在翻译双重否定句时，可以将其译为汉语的双重否定句，也可以译为汉语的肯定句。例如：

Don't open the door until the car stops.

车未停不要开门。

（四）倒装句的翻译

1. 结构性倒装的翻译

结构性倒装是由语法结构的需要引起的倒装，主要包括疑问倒装，there be 结构倒装，虚拟倒装，以 there、here、then、thus、now、so、nor 和 neither 等副词位于句首引起的倒装。结构性倒装的翻译一般采取正常语序。

There is nothing on the table.

桌子上什么也没有。

2. 修辞性倒装句的翻译

修辞性倒装句是为了加强语气，或为了避免头重脚轻，它包括句首为表示地点的介词或介词短语、否定倒装、让步倒装、only 位于句首引起的倒装、为了叙述方便或使情景描写更加生动形象而引起的倒装等。这类倒装，根据需要，可采用正常语序或倒装语序进行翻译。

Little do we suspect that the region is rich in water resources.

这一地区水利资源丰富，我们对此深信不疑。（正常语序）

Most information we get from him.

大部分消息我们是从他那里得来的。（倒装语序）

第四章　英汉语篇文化对比

英汉语言在语篇文化上存在一定的差异，学习英汉语言与翻译，需要对英汉语篇文化进行详细了解。本章主要系统论述了英汉语段、英汉语篇衔接手段、语篇连贯对比，并探讨了英汉语篇的翻译。

第一节　英汉语段对比

所谓语段，就是将两个或两个以上完整而又相对独立的句子按照一定的规则加以排列和组合而构成的语义整体。[①] 因此，语段又被称为句群或句子组合，一个完整的语段就是由一组具有某种联系和功能的句子成分所组成的。组成语段的各个句子之间存在层次关系或逻辑关系，侧重于表达同一层意义，但这些句子又相互独立，各有表达功能。将这些句子连接起来的语言手段有使用逻辑承接词、重复、省略、照应等。在翻译时，译者要把原文的语段作为一个整体，以整体性思维分析原文与译文之间的对应关系，语段中的词、词组的翻译也要服从整个语段的变化。并且，在操作上仍不排斥以句为基本翻译单位，在结构和意义上，注重各组成部分之间的连接关系以及同一意义的表达。从语段的结构成分来看，汉语与英语也有很大的差异。

一、英语的紧凑与汉语的松散

（一）英语结构的紧凑

英语语段句子聚集型扩展，其原因是它具有严密的形式规范，它的扩展，受形式主轴的支配。规范的形式链接使英语语段不至流于松散。与汉语相比，

---

① 郭惠琴. 英汉语言对比与翻译研究 [M]. 北京：北京工业大学出版社，2019：157.

英语句子结构是很紧凑的。在正式文体中，这个特点更为明显。紧凑就是使用前置、后置、省略、替代等方式使一个句子尽量包含更多的信息，同时还要保证结构严谨。

1. 动词的形态标定，限定了时态、语态、语气及定式非定式形态，由此而限定了概念发展的逻辑，使之在给定的时间范围内有条不紊地进行。

2. 基本句 SV 提携机制，每一个句子不可能摆脱 SV 的支配与扩展程式；在英语语段中，词组不能单独使用，必须从属于某一个完整的主句或从句。

3. 从属及并列的形态标志，包括从属连词及并列连词的形式约束。

4. 代词的广泛使用及其前呼后应的接应功能。英语的上述形式手段表现在任何一个语段中，使之紧密连缀，妥帖相接。否则，就被视为"松散"，正因为形式机制具有对语段的强大制约功能，为语段的形合式扩展提供了良好条件，因此使英语语段扩展具有以下完全不同于汉语的特色。

（1）英语语段的基本特征是形式的约束力强，形式标定显而易见，如：

When the day broke, it blew harder and harder. I had been in Yarmouth when the seaman said it blew great guns, but I had never known the like of this, or anything approaching to it. We came to Ipswich very late, having had to fight every inch of ground since we were ten miles out of London; and found a cluster of people in the market-place, who had risen from their beds in the night, fearful of falling chimneys. （Charles Dickens）

狂风如大炮，但是我从来不曾见过这样的风，或任何与此相近的风。我们来到伊普斯维契——已经很晚，我们离开伦敦十里路以后，就必须一步一步地向前挣扎；我们发现市场上有一群人，他们担心烟囱被吹落，在夜间就起床了。 （董秋斯译）

（2）由于具有形式手段的保证，英语语段中可广泛使用后置式，如上例中的"since we were ten miles out of"及"when the seamen said…""fearful of…"等使行文具有明显的层次感。这些反逆部分，在汉语中一般要顺过来，除非另起一句或加连接词。

（3）由于具有形式手段，英语语段中可以广泛使用插入式成分。如上例中的"very late"，汉语译成对应式破折成分（"已经很晚"）。这是汉语中的一种引进的结构。取插入式可以使句子变得更为"紧凑"。

A 式：My brother was wearing a raincoat, and（he）didn't get wet.

我兄弟穿了雨衣，所以没淋湿。

B 式：My brother who was wearing a raincoat, didn't get wet.

我兄弟（他穿了雨衣）没有淋湿。

上述 B 式为插入式扩展、比 A 式紧凑、简约。汉语中缺乏这种扩展式，除非加上括号，如译句 B 式（who）但这样不太符合汉语习惯。

（二）汉语的流散

从语言结构上说，汉语语段形式上的连缀与组接显然是比较松散的，它的扩展一般取铺排式，即句段的简单聚集，不关注结构形式上的层次，我们可以称之为"单层面的扩展式"。[①] 单层面扩展的微观结构特征是动词形态的隐含化，甚至将整个动词省略，使句子和动词本身看不出时态及主从层级。下面我们将论述这个问题。铺排式句段聚集的特征则正是流散、疏放。形成流散有以下原因。

句子没有固定的形式，对核心成分的完整性没有过高的要求，甚至有些句子由于隐去了一些成分，本身呈现出词组的形式，其结果是句子的界限模糊化、隐含化。

例如：

阿 Q 没有家，（他）住在本庄的土谷祠里，（他）也没有固定的职业，只给人家做短工，（人家叫他）割麦（他）便割麦，（人家叫他）舂米（他）便舂米，（人家叫他）撑船（他）便撑船。

Ah Q had no family but lived in the Tutelay God's temple at Weichuang. He had no regular work either，simply doing odd jobs for others；if they asked him to cut wheat he would cut it；if they asked him to grind rice or punt a boat he would also do for them.

汉语的原文词句分散（括号中的词语不在原文中），长长短短，灵活组合，不讲求句子形式的齐整，词组与句子之间的关系常常是隐含的。

二、金字塔式与倒金字塔式结构

（一）英语的金字塔式

英语的金字塔式结构就是在一个语段中，主句位于语段的最前面，起到引领下文的作用，后面的内容都是围绕这一主句展开的。金字塔式结构明确了语段的主题，能够吸引读者的注意力，也有助于读者理解后面的内容。同时，金字塔式结构也方便作者围绕主题句展开叙述。请看下面：

To live one's life is really like to drive on a highway. First of all，to make a good

---

① 关丽，王涛. 英汉语言对比与互译指南［M］. 哈尔滨：东北林业大学出版社，2008：131.

driving the driver must carefully examine the condition of his car, just as he cares for his health for a good life, once he enters into the highway, there are certain rules which he must follow for his own safety. It also can be said that he must follow certain rules of society when he lives as a decent adult. For example, on the highway he is required to keep a constant speed which can be compared with his continuous activities through his life. Neither driving nor living must be taken in too high a speed. If he drives too speedily, the policeman will give him a ticket, just as he will be arrested when he breaks the law. When he wants to change his lanes, he must give careful attention to every direction of his car. It is sometimes dangerous to change the way of life unless he can be sure of accomplishment by doing so. Finally he must confirm where he is now by recognizing some signs. If he takes the wrong way, he must go back to the right way—both on the road and in life. On the whole, driving on a highway and living one's life are both hard work, but if he is careful and serious enough, they will provide him a great deal of pleasure.

本段的第一句是主题句，也是整个段落的中心句，下文的内容都是围绕第一句展开的。在英语中，金字塔式结构在说明文、议论文中很常见，当然，在汉语中，也存在金字塔式结构。例如：

有趣的是，相貌平平的人可能比漂亮的人有更多的机会获得美满的婚姻。本杰明·富兰克林曾劝告过一个年轻人娶一个善于理家但长相一般的女子，因为这样的妇女会花更多的时间去考虑做一个贤妻良母。她们或许比漂亮女人更重视丰富的爱情或精神生活。因此，有眼光的男人往往喜爱一个相貌平平却十分温柔、真挚的女子，而女子往往喜爱一个长相一般但有智慧、有勇气、有事业心的男子。

此段落将论点在文章的开始提出，然后层层分析说明，使读者一开始就能了解作者的看法和观点，抓住全文的要点。然而，金字塔式结构在汉语语段中并不常见，更多的是先陈述，后总结，也就是把主题句放在语段末尾，即倒金字塔式结构。

（二）汉语的倒金字塔式结构

倒金字塔式结构就是主题句在语段末尾，前文是主题句的扩展。作者通过列举材料、归纳、概括，从而在段尾以一个主题句总结全文，明确段落的主旨。由此可见，倒金字塔式结构同样能起到强调作用。例如：

①年轻的朋友，当你穿上时髦服装，穿行于街畔巷尾，置身于闹市人流时，你是否发现自己已悄然闯入服饰的美学大门？你是否感觉到在自己的周

围，有这样一些年轻人：他们或穿着时髦而举止轻浮，或打扮姣好而内心贫乏，或身姿优美却满嘴脏言……他们或许会以瞬间的闪光博得人们一笑，却难以赢得人们由衷的微笑。究其原因，便会发现这些年轻人只注重服饰的外在美，而忽视了服饰的内在美。（金海《当你穿上时髦时装》）

多数的汉语文章和段落都倾向于篇末点题，以期引人深思和回味。国内外一些语言学家早就注意到了这种差异，他们在分析英汉段落、语篇展开模式时发现，在英语论说文中，作者的思路是开篇自接点题，即所谓的"开门见山"，然后用论据来解释说明。而汉语段落与英语有所不同，先陈述现象、事实进行分析，最后才得出结论，表明个人的观点，有人将其称为"逐步达到高潮式"。这些语言学家得出的结论是，英语语篇开头侧重指出辩论或谈话的走向（where the argument/talk is going），汉语语篇的开头侧重指辩论谈话的缘由（where the argument/talk is coming from）。这种差异在下面一个英语的例子与汉语译文的比较中能清楚地反映出来。

②Three passions, simple but overwhelmingly strong, have governed my life: longing for love, the search for knowledge, and unbearable pity for the suffering of mankind.

渴望爱、寻求知识和对人类苦难的深切同情，这是支配我的生活的三种简单而无比强烈的情感。

从上述例子中可以看出，英语原文是一个形式简单，浅显易懂的句子，先总后述，并且具有一定的独立性和完整性，这体现了西方人的直线型思维方式。汉语译文表达的含义与原文一致，但是英语原文的表达顺序却被颠倒了，句子中各个成分的位置也有了明显的变化，这体现了中国人螺旋式的思维方式。由此可见，英汉句子在表达顺序方面的差异与中西方的内在思维逻辑有很大的关系。

必须指出，英语语篇的演绎型和汉语语篇的归纳型不是绝对的，只是各自所占的比例较高而已。

三、固定与随意的结构

英语语篇结构的第二个显著特点是其比较规整和固定的模式，这也是英语高度形式化在段落篇章层面的具体体现，它一般的模式是：

主题句

支持句

支持句

支持句

支持句

请看一个例段：

Recent years have been golden ones for professional athletes. Professional athletes in number of fields are making more money than ever before. For example, in golf there have been three professional golfers who topped the one-million-dollar mark in lifetime earnings. In basketball one player recently negotiated a contract providing him with an annual income of $200 000. And within the past year, several college All-Americans signed basketball contracts which made them millionaires overnight. Today the least amount that a professional basketball player can receive annually is in excess of $13 000. Baseball's rosters contain a number of stars who receive $100 000 or more to play for a single season. Six-figure bonuses are commonplace. The same is true in football. College stars sign contracts which guarantee them financial security before they have proven themselves on the field as professionals. Well-established players receive salaries comparable to the stars in the other sports. All of the big names in the major sports profit handsomely from product endorsements, personal appearances, speaking engagements, and business opportunities made available to them. It all adds up to a highly lucrative business to those who possess the ability to participate.

这是最典型的英语段落结构，具有高度形式化的特点，作者先表达一个观点或一个道理，然后在后续内容中举例来说明和证实这个观点和道理，因为在信息交往中，无例不成言，无例不成理。

但是，我们在分析汉语文章中的段落时发现，这种整齐规范的段落结构却不多见，很多时候一个段落不能聚焦于一个中心议题，议论有随意性。

此例中有一个中心的议题，但是没有主题句将话题点明。在汉语语段中，一般上下文含有能够表现主题的句子，就会省略主题句，因此一个汉语语段中经常包含很多内容和观点。英汉语在段落层面最主要的不同还是体现在思维模式的差别上，即英美人习惯于演绎型的思维，而中华民族则是倾向于归纳型的思维。具体地说，就是英语通常是先概括，后叙述，后细节；先综合，后分析。而汉语则是先铺垫说明，最后点出主旨。学习者如果对这种差异有比较清晰的了解，在英语写作时就会有意识地避免把归纳型的思维模式带到英语的写作中去，了解这种差异，对翻译实践也具有指导意义。

第二节　英汉语篇衔接手段对比

一、英汉语篇语法衔接手段对比

（一）照应

就语篇而言，照应是指语篇中的某一成分对另一成分所起到的参照作用。由于语篇本身具有层次性，所以不同层次之间也存在着不同的照应关系。一方面，可以将照应分为内指和外指。所谓内指，就是语篇某一个成分与另一个相照应的成分都在语篇内部，内指又可以分为回指和下指，回指就是与前文照应，下指就是与后文照应；所谓外指，就是语篇某一成分的参照点不在语篇内部，而位于话语表层以外。另一方面，也可以将照应分为前指与后指。所谓前指，就是语篇中某一个成分的照应点位于前文；所谓后指，就是语篇中某一个成分的照应点位于后文。语篇照应的形式主要有人称照应与指示照应两种，英语和汉语在这两种照应形式上存在很大的差别，具体探讨如下。

1. 人称照应

所谓人称照应，就是用人称代词、物主代词等来代指上下文出现的名词，例如 he、her、his、your、their、mine 等。[①] 需要注意的是，在使用人称代词时，要确立代词与所要指代的名词之间的语义联系，避免出现歧义。实现篇章连贯的英汉语在人称照应中的差异表现在以下两个方面：前指和后指。首先，英语使用第三人称代词的频率远远高于汉语。其次，英语的人称代词在漫长的发展过程中并没有得到简化，比汉语的人称代词复杂得多，在性、数、格方面具有多种形式，并且有严格的使用规则，如"he""her""his""him""himself"。汉语的第三人称代词在发音上并没有明显的区别，如"它""他""她""它们""他们""她们"。

2. 指示照应

所谓指示照应，就是使用指示代词、指示副词或者冠词来表示的照应关系。英语和汉语的指示照应具有明显的不同。

在英语中，指示代词（this，that，these，those）、指示副词（here，there，

---

① 李雪芹. 基于文化视角的英汉翻译探究［M］. 天津：天津科学技术出版社，2019：60.

now，then）和定冠词（the）常用于指示照应，具体用法如下。

（1）英语中的指示代词可以用作中心词和限定词。就"this"和"these"来看，在时间和空间上是近指照应，既可以指代前文内容，又可以指代后文内容；就"that"和"those"而言，在时间和空间上是远指照应，并且只能用于指代前文内容。

（2）英语中的指示副词既可以用作内指照应又可用作外指照应。从时间和空间角度而言，"here""now"是近指照应，"there""then"是远指照应。

（3）定冠词"the"与名词连用时，就可以用来表示照应关系。"the"可使用的照应范围比较广，可以是内指照应，也可以是外指照应。在内指照应中既可以是回指照应，也可以是下指照应。韩礼德和哈桑认为，当与定冠词"the"连用的名词带有限制性修饰语时，"the"是下指照应；当定冠词"the"发挥语篇衔接功能时，则是回指照应。①

汉语中的指示词有"这""这些""那""那些"，英语语篇与汉语语篇中指示词的使用方法具有很大的差异，具体用法如下。

（1）英语语篇中"this""that"的使用频率与汉语中"这""那"的使用频率具有很大的不同。在英语语篇中，"this"的使用频率低于"that"的使用频率；在汉语语篇中，"这"的使用频率高于"那"的使用频率。另外，如果要照应前文内容，汉语语篇中可以使用"这""那"，但英语语篇中只能用"that"。

（2）从时空远近角度而言，英语中的"this"与"that"直译成对应的汉语后，既可以指示较近的事物，又可以指示较远的事物，这需要译者根据文意来决定。

（3）定冠词"the"在英语语篇中的用法比较固定，当后面的内容再次提到前文已经出现过的事物时，必须用"the"作回指照应。在汉语语篇中，则可以根据上下文进行省略。

3. 比较照应

所谓比较照应，就是使用比较的方法来表示照应关系，通常使用一些能体现事物异同点的形容词、副词及其比较级来表示。由于是作比较，所以语篇中必须存在两个或两个以上的构成比较关系的词语，比较词与被比较词之间存在的关系就是照应关系。比较照应对语篇起着连接上下文的功能。英语语篇与汉语语篇的比较照应基本相同，最大的区别就是表现形式不同。

英语中作比较照应时，常用于表示总体比较照应的词有：same、likewise、

---

① 吴得禄. 英汉语言对比及翻译研究［M］. 成都：电子科技大学出版社，2016：76.

equal、similar（ly）、different（ly）、other、identical（ly）等；常用于表示具体比较照应的词有：more、less、better、fewer 等。由此可见，英语的比较照应在词形上变化丰富。

汉语的比较照应的词形并不会发生变化。在汉语中，常用作比较照应的词有：同样的、类似的、差不多、像……一样、与……类似等；同样，也存在一些比较级词汇：更、不如、没那么……、比……还，等等。

（二）替代

在英语和汉语中都有替代，使用替代的目的是避免句子出现过多的重复，影响句子的表达效果，同时使上下文语义衔接。需要注意的是，替代与照应不同，照应可以是上文的照应，也可以是下文的照应，而替代只能替代上文已经出现过的成分。因此，在翻译含有替代成分的句子时，要注重联系上下文分析句子所要表达的含义，并准确找到被替代的成分。替代是一种词汇语法关系，替代成分与被替代成分只是具有同等或类似的语义，在指称上不一致，但具有相同的语法功能。①

1. 名词性替代

名词性替代是指替代原文句子中的名词或名词短语，英语中常用的名词性替代词有"this""one""ones""none""other"等；汉语中常用的名词性替代词有"这""那""的""者"等。英语和汉语的名词性替代词的用法既存在相同点，又存在不同点。例如，英语中的"one""ones"与汉语中的"的""者"具有类似的替代功能，在某些情况下，两者可以直接对照翻译，并且它们都只能替代中心词，并且不能单独使用；但是在形式上，英语中的"one"表示单数，"ones"表示复数，具有单复数之分，而汉语中"的""者"没有单复数区别。

在英语表达中，借助"the same"这一词组可以将整个名词性词组进行代替。而在汉语中，表达相同意思的词语可以是"同样的""一样的"。然而，在翻译过程中，汉语也会将"the same"翻译成"也"。

2. 动词性替代

要实现动词性替代，代替动词词组的只能是动词性替代词。而在英语中，最常用的替代词有"do""so"，汉语中一般是"干""弄"等。

与汉语相比，英语的不同之处在于其替代词"do"有形态上的变化，而需要由具体语境来决定哪一部分需要代替。"do"与"so"搭配，能够代替一

① 吴得禄. 英汉语言对比及翻译研究［M］. 成都：电子科技大学出版社，2016：78.

些动宾词组。而在将英语翻译成汉语时，应该在理解上下文意思的基础上，寻找相应的词语来对"do"表达的成分加以代替。

3. 分句替代

所谓分句替代就是指分句要用替代词来被取代。英语中，经常运用"so""not"这两个词做替代，而在汉语中，与之相对应的就是"这样"和"不这样"这些词。在韩礼德以及哈桑的理论中，英语的小句性替代可以分成三种类型，一是引语替代，二是条件替代，三是情态替代。以下通过这三种替代对英汉语篇分句替代上的异同进行分析。

（1）对于引语代替，替代词所代替的是直接引语与间接引语。"so"常与"这么""这样"对应，"not"则与"不这样""不这么"或"不是这样"等词对应。但是汉语的引语替代词一般出现在引语动词之前，而英语的引语替代词则出现在引语动词之后。但有时也有相似结构。

（2）英语与汉语在引语替代中的另一个不同在于英语可以直接用替代动词"not"来表示否定概念，而译成相应汉语却与常规的"not"加引语替代动词加"so"不同。

（3）在条件替代中，英文常用"if+so/not"的形式，汉语中相对应的是"如果这样""如果不这样""不然""要不然"等词来对应。

（4）在情态替代中，替代词"so"和"not"经常出现在情态副词"perhaps""possibly""probably""certainly""surely""of course"之后，用来替代小句。值得注意的是"certainly""surely"和"of course"一般不与表达肯定意义的"so"一起使用。相对应的汉语中常用"是/会"或"不是/不会"等词加上汉语中的情态副词"大概""可能""也许""一定""绝对"等词来对译。

（三）省略

语言结构中，为了减少重复，会使用省略的表达方式，从而将主要信息加以突出，对于无关紧要的内容可以适当进行省略。从替代的角度来看，省略可以说是一种"零替代"，是替代中特殊的一种。在人们的日常表达中，省略的使用频率是很高的，但是省略的使用并没有影响人们的交际。因为在实际的应用过程中，无论是说话还是行文，人们总能在字里行间找到省略的内容，并不影响对于信息的理解。这种情况下，对一句话进行理解要在另一句话的前提下，如此一来，就实现了句子间的连接，当在文章中寻找省略成分时，语篇的衔接都得以形成。从类型上来看，省略可分为名词性省略、动词性省略以及分句性省略三种。以下对英汉语言中这三种省略方式的运用进行阐述。

第一，名词性省略。英语中省略的是名词词组的中心词，或者中心词修饰的一部分，当然有时会直接省略整个名词词组。在汉语中，同样存在名词性省略，只是在翻译时为了保证表达的清晰，可以将省略的内容翻译出来。

第二，动词性省略。英语中，省略动词词组内的词语或者将整个词组进行省略。但是这种动词性省略在汉语中并不常见，一般在翻译时，汉语中会将英语中的省略翻译出来。

第三，分句省略。英语与汉语中同样有这种省略，只是英语会将分句中的一部分或者全部进行省略。

二、英汉语篇词汇衔接手段对比

（一）同义衔接

所谓的同义衔接，是指语篇中的一个词在下文中会以同义词、近义词等形式重新出现在语篇之中。英汉两种语言在这一方面的差异体现在以下几个方面。

第一，对于英语来说，其行文特点会为了不重复，在词汇衔接时使用上下义词，但是在汉语中，语义表达清楚十分重要，因此在翻译英语时，原词复现是最常用的方式。

第二，英语翻译汉语时，为了避免重复，可以采用多种形式，例如替代、照应等表现汉语中的词汇。

第三，在英语中，为了表示强调以及清楚表意，常会进行原词重复，但是汉语这种情况下最常用同义词或者反义词。

（二）组合衔接

对于词汇的组合衔接来说，与常规的词语搭配不同。组合衔接不是词语成对的简单搭配，而是为了形成连贯的语义表达用语义相关的词语在篇章中进行组合衔接。而借助具体语篇的语境能够完成对词语具体意思的识别。词语纳入语篇之中，便不再是孤立的，其意义也不再只有字典上的静态意义，而是会受到不同词语组合的影响，在上下文关联下出现特殊的意义。在语篇中，词语的结合状态是呈现动态性的，它们是紧密衔接的，这才是组合衔接的显著表现。因此，根据词汇衔接，英汉互译过程中，就需要对词汇的组合进行分析，了解真实的语境来研究词汇的意思，这样才能保证翻译的实际效果。

三、英汉语篇逻辑衔接手段对比

在英汉语篇中，逻辑衔接手段是一种深层次的普遍连接。对于一个语篇来说，要想保证语篇意思的完整表达，能够体现逻辑关系的连接词是必不可少的。在逻辑连接上有时会出现一些隐性连接，这种衔接的实现是借助语境来完成的。但是下面要探讨的连接是显性的，这种逻辑连接关系的实现就是借助语篇中的连接成分而展现的。在语篇中，连接成分实际上就是指连接词语有明确的含义。借助这些连接性的词语，能够帮助人们实现语义上的理解，有时候还能通过连接词实现后续语义的推断。以下从四个方面阐述了英汉语篇在连接方面的不同之处。

（一）时空关系

对于时空关系来说，其是一种逻辑关系，而且是最基本的，无论是何种事物，都在特定的时空里存在。而对于语篇来说，不相关的过程堆砌自然构不成语篇。要想保证语篇的意义，必须让其做到能够对一个时间的发展过程进行完整反映，因此过程发展的先后程序在此时就显得尤为关键，从时空关系上来看，有简单的也有复杂的。

大部分时候，英语与汉语中的逻辑连接关系是能够被直接翻译出来的，但是当要对这些关系进行表述时，有需要有所侧重，这是因为英汉两种语言本身就具有无法忽视的差异。除此之外，英语与汉语中对时空关系的表达不只是借助连接词，还有其他的方法，因而，在翻译过程中，应当考虑到两种语言的一些差异。

1. 在英语中，标记时间的先后要借助动词的时体形式，而汉语需要运用具体的连接词才能表现时空关系。

2. 有时英语用连接词来表示时间先后，但汉语却不用。

3. 英语中的时空关系在汉语中可译成其他关系范畴。

4. 在汉语中，空间位置的改变常用连动式来表示，而英语需要借助表示时间关系的连接词。

（二）因果与转折关系

在语篇中，因果与转折关系也起着十分重要的衔接作用，而对于因果关系来说，有因有果是衔接力形成的原因，在语义表达上必须考虑因果关系。这点对于转折来说同样重要，需要保证上下文形成对照，这样才能形成转折关系。将因果关系与转折关系放在一起讨论，是因为在英汉两种语言中，这两种差异的展现都表现出连接词的显性与隐性，除此之外，还有逻辑关系的转换。在一些特殊情况下，因果与转折的连接可以实现互换。此时我们所说的因果关系，是站在广义的角度上来说的，其包含多种语义关系，例如，条件、假设等等。而转折关系也不仅包含"但是"这种狭义层面的，还包括让步、对比等等。

第一，如果英文中运用的是显性的因果与转折，那么在进行汉语翻译时很可能发生性质的转换，变为隐性的意义关系。

第二，因为英汉有时在逻辑形式以及范畴上有互通以及交叠的情况，所以英汉互译会出现因果与转折互换的现象。

（三）添加关系

语义的添加包括多种语义关系，常见的有并举、增添以及总结等。对于英汉两种语言来说，不同的连接关系表现为所运用的逻辑连接语有所不同。

1. 在英语中，表达添加关系可以借助语法来完成，而汉语需要连接词来实现翻译的对等。

2. 在汉语中，对陈述的细节信息进行总结需要借助总结性的词语，而英语最常用的是具有一定复杂性的句式结构。

第三节　英汉语篇连贯对比

连贯是语篇的特征之一，要求无论是词语、句子等都要能够在逻辑与概念上达到一种统一。[①] 对于连贯的语篇来说，其所具有的内在逻辑结构是一直贯穿于全篇的，能够有机串接起所有的概念，从而能够明确时空的顺序，要逻辑表达有更为分明的层次。连贯是一种逻辑机制，能够将词语以及句子连接起来构成更大的语义结构，从而帮助人们实现最终的交际。所谓衔接，是要借助词汇或者语法手段让语篇在形式上实现联系，而连贯则要帮助信息接收者掌握信息发出者的交际意图，这一过程需要接收者借助语境信息以及背景知识并在逻辑推理的基础上进行。这也就意味着语言的基层特点展现为衔接，其包含的是语言表层形式与陈述间的关系，但是连贯的实现则需要信息的有序排列，语篇连贯要求首尾要实现呼应并保持一致。语篇的深层结构上体现连贯。但是从连贯与衔接本身来看，他们并不是孤立存在的，它们都是交际信息传送的手段，

---

① 刘春华. 实用文体英汉互译教程［M］. 武汉：武汉大学出版社，2019：28.

能够提升交际的实际效果。无论是连贯还是衔接，它们都能够对原文与译文作者的思维模式进行展现。

对于翻译工作者来说，其从事的工作需要用双语进行交际，无论是源语作者还是读者，他们所处的文化背景都不相同，因此，在翻译过程中对于语篇的连贯模式会产生不同的期待，从而会出现理解上的偏差。因此，对于译者来说，翻译之前就要对原文语篇的连贯结构加以明确，这样才能把握好原文作者的意图，从而完成译文的合理构建，让译文清晰地表达原文作者的思想。换言之，译文与原文无论是在语义还是意象上都应该有一致性，并且要避免逻辑矛盾。这也就说明要对英汉的语篇连贯模式进行深入分析与了解。

第一，对英汉语篇建构的基本差异要有所了解。从篇章的组织方式上来看，可以发现不同语言与文化上的差异，这是人的思维模式的反映。在不同的文化背景之下，人们面对同一语篇，所选择与使用的连贯方式也会有所不同。分析英汉的语言思维模式可以发现，英语在组织与发展上呈现直线形，而汉语则是螺旋形。直线形的篇章组织形式下，中心意思是最先表达的，然后在此基础上层层展开。即在英语语篇中，后面的语句是在前面语句的基础上慢慢引出的。而对于汉语来说，螺旋形的思维模式，先引出的是主题与话题，然后再逐步深入主题。这个过程中，先展现的是主题的重要性，然后再开始论述，最后进行总结。

第二，在逻辑表现形式上，英汉语言的差异表现为语篇逻辑层次的呈现上，英语语篇为显性，汉语语篇为隐性。当然，也会出现相反的情况，因此，实际的翻译中，要在把握不同语言逻辑特点的基础上，对逻辑进行恰当地调整与重组。

第三，在翻译过程中，另一点值得注意的是，对于语篇连贯来说，信息发出者与接收者的认知与知识结构的沟通是其形成的基础。站在读者的角度来看，他们从语篇中得到信息不只是凭借破译语言符号，还需要将大脑里储存的相关信息调动出来，语篇解释的过程也应当主动参与其中。

第四节　英汉语篇的翻译

一、注重衔接、连贯与语域

语篇是由词、句组成的，所以语篇的翻译在做好词、句翻译的基础上，要注重语篇的衔接、连贯还有语域，这样才能使译文更加完整，也才能符合译入语读者的表达习惯。

（一）语篇衔接

对语篇进行翻译，要正确理解原文语篇，衔接手段是必不可少的，借助衔接手段，句与句之间、段落与段落之间能够实现逻辑上的连接，从而完成一个语义单位的完整构建。[①] 例如：

The human brain weighs three pounds, but in that three pounds are ten billion neurons and a hundred billion smaller cells. These many billions of cells are interconnected in a vastly complicated network that we can't begin to unravel yet... Computer switches and components number in the thousands rather than in the billions.

人脑只有三磅重，但就在这三磅物质中，却包含着一百亿个神经细胞，以及一千亿个更小的细胞。这上百亿、上千亿的细胞相互联系形成一个无比复杂的网络，人类迄今还无法解开这其中的奥秘……计算机的转换器和零件只是成千上万，而不是上百亿、上千亿。

（二）语篇连贯

对于话语连贯来说，达到语篇连贯是十分重要的。在实际的翻译过程中，要将句内、句间以及段间的关系进行清晰且明确地理解，才能充分表达文章意思，并在翻译中将原文意思完整传达出来。[②] 例如：

He was a little man, barely five feet tall, with a narrow chest and one shoulder higher than the other and he was thin almost to emaciation. He had a crooked nose, but a fine brow and his colour Was fresh. His eyes, though small, were blue, lively and penetrating. He was natty in his dress. He wore a small blond wig, a black tie, and a shirt with ruffles round the throat and wrists：a coat, breeches and waistcoat of fine cloth, gray silk stockings and shoes with silver buckles. He carried his three-cornered hat under his arm and in his hand a gold-headed cane. He walked everyday, rain or fine, for exactly one hour, but if the weather Was threatening, his servant walked behind him with a big umbrella.

他个头矮小，长不过五英尺，瘦骨嶙峋，身板细窄，且一肩高一肩低。他

---

① 朱风云，谷亮. 英汉文化与翻译探索 [M]. 北京：北京理工大学出版社，2017：79.
② 高丽娟. 中西文化比较 [M]. 上海：上海交通大学出版社，2018：96.

长着一副鹰钩鼻子，眉目还算清秀，气色也还好，一双蓝眼睛不大，却炯炯有神。他头戴金色发套，衣着非常整洁：皱边的白衬衣配一条黑色领带，质地讲究的马甲外配笔挺的套装，脚着深色丝袜和带白扣的皮鞋。他腋下夹顶三角帽，手上挂根金头拐杖，天天散步一小时，风雨无阻。当然落雨下雪时自有仆人亦步亦趋，为他撑伞。

（三）语篇语域

语篇语域涉及语篇的作用和使用场合。不同类型的语篇有着不同的功能，适用于不同的场合。[①] 例如，文学语言应具有美感和艺术性，广告语言应具有号召性和说服力，科技语言则应具有专业性和准确性。所以，在翻译语篇时就要注意原语篇的语域，并使译文与原文具有相同的特点与功能，这样才能使译文形神兼备。例如：

Established in the 1950s, East China Normal University, led by the Ministry of Education and nourished by the rich resources of the modern city of Shanghai, has developed quickly among the institutions of higher teaming. It was listed as one of the sixteen key universities in China as early as 1959. Nearly fifty years of development has shaped it into a prestigious comprehensive university, influential both at home and abroad. Right at the arrival of the new century, we are determined to seize the opportunities, meet the challenges, unite and work as hard as before, and contribute our fair share to the development of ECNU.

成立于 20 世纪 50 年代的华东师范大学，得益于物华天宝、人杰地灵的国际大都市上海这片沃土的滋养，又得益于国家和教育部对师范教育的关怀与重视，在全国高教院系调整中发展壮大起来，早在 1959 年就已跻身于全国 16 所重点大学之列。经过将近半个世纪的辛勤耕耘，华东师大已经发展成为一所学科比较齐全、师资实力比较雄厚、具有一定办学特色、在国内外具有相当影响力的教学科研型大学。在新世纪到来之际，我们一定要抓住机遇，迎接挑战，励精图治，奋发图强，继续发扬艰苦奋斗、团结协作、勇于拼搏、开拓创新的精神，为华东师范大学的振兴与腾飞，贡献出我们所有的智慧与力量。

二、利用移情

移情指的是作者基于自然景物之美而兴起的情感在作品中的体现。语篇艺

---

① 蔚然，赵韶丽，杜会. 当代英语翻译理论与实践的多维视角研究 [M]. 北京：中国商务出版社，2019：87.

术价值再现的关键就在于"移情"。通过移情的作用，读者才能激发出和原作者相同的情感，从而更好地体会作者的思想与文章的中心。[①]

在语篇翻译过程中，译者需要体会作者移情的使用方式，让自己进入语篇描写的世界，从而感同身受，提高译文的准确性。语篇移情的翻译技巧指的是整体把握语篇的内涵与神韵，确保原文和译文在语气、风格、形式上的一致性，让译入语读者和原文读者都能产生和作者相同的美感体验。

（1）原作的结构与作者的写作心理。体会原作的结构和作者的写作心理是分别从语言和思维的角度进行的语篇理解。译者需要从上述两个角度体会作者的想法，从而最大限度地顺应原文，尊重原作的结构与写作心理。

（2）目的语读者的阅读心理与标准。目的语读者的阅读心理和阅读标准对于语篇翻译也有着重要的影响。一般来说，译者在进行语篇翻译之前需要在心中预设译文的读者群，同时考虑该群体的审美心理和阅读标准。例如，我国著名翻译家傅东华在翻译《飘》时就对原文进行了删减，他认为文章中一些冗长的心理描写与分析跟情节发展关系不大，并且阅读起来还会令读者产生厌倦，因此将这部分内容删除了。可见，他就是在充分考虑读者阅读心理的基础上对原文进行的有效处理。

---

① 肖红．文艺视阈下翻译的多向度研究［M］．北京：新华出版社，2020：89.

第五章 英汉修辞、语用文化对比与翻译

修辞与语用文化也是英汉语言差异的重要体现。了解英汉修辞文化、语用文化的差异，对英汉语言文化与翻译研究具有十分重要的意义。本章主要对英汉修辞、语用文化进行了对比分析，同时还提出了相应的翻译方法。

第一节 英汉修辞文化对比与翻译

一、英汉修辞文化对比

（一）英汉音韵修辞对比

音韵修辞是英汉语言中重要的修辞方式，其通过运用语言的音效关系来实现具体形象的语言表达效果。

1. 模音

模音又被称为"拟声""摹声"，指的是通过模拟自然界中各种声音，以及人类在表达自身情绪过程中所发出的声音而创设的词汇。模音修辞在日常使用中十分广泛，能够生动表达出自然界声音的特点，对人类情感和情绪的表达也十分形象。

在英汉两种语言中都有利用模音而形成的词汇。英汉模音词在表达过程中，由于很多都是对客观现实和人的思想感情进行的表述，因而带有一定的相似之处。

但是由于英汉模音语言在选择角度、方式、风格上带有一定的差异性，因此很多模音表达在不同的语言中处于缺位状态。这种缺位表现在英汉模音词对客观事物所选用的模音词不同、对动物和人的声音所选用的模音词不同等。

2. 押韵

押韵是指把相同韵部的字或者词放在规定的相应位置上而达到一定韵律效果的修辞手法。英语中，押韵主要包括头韵、腹韵、尾韵三种。汉语中的押韵主要有双声和叠韵。下面分别对这几种修辞方式进行对比。

（1）头韵与双声的对比

头韵是英语押韵修辞的重要组成部分，其最早发源于英语诗歌，是古英语诗歌韵律的基础。在表达过程中，头韵的使用能够增加句子的节奏感，使语言更加鲜活、生动。

汉语中的双声和英语头韵有很大的相似性，但是有一点需要注意，英语中的首字母是元音或者是首部辅音字母不发音时，只要其元音的读音相同，也属于头韵的修辞。但是在汉语中并没有这个情况。

（2）腹韵、尾韵与叠韵的对比

在英汉两种语言中，由于音节数的不同，形成了不同的韵律表达方式。由于英语中单词的音节可能有一个，也可以有多个，因此其分为了腹韵和尾韵的表达。但是汉语中，一般只有一个韵母音节，因此形成了叠韵的表达。所谓腹韵，指的是英语中后续单词与前面的单词在重读音节上有相同的元音重复现象。所谓尾韵，在英语句子中，就表现为单词的最后一个音乐有相同的读音。通过尾韵，能够提高语言表达的节奏感。汉语中的叠韵指的是同韵母的字构成音韵的同叠效果的修辞手法。

（二）英汉比喻修辞对比

1. 英语比喻

figures of comparison 即为英语中的比喻，是指用另外的与它有相似点的事物来表现，而不把要说的事物平淡直白地说出来的修辞方式。在英语中，比喻是一种常见且应用广泛的修辞格之一。在写作和口语中使用比喻，可以有效增加语言的生动性、形象性、精练性、鲜明性、具体性和通俗性。

英语比喻主要包括三种，即 simile（明喻）、metaphor（暗喻）、metonymy（借喻）三种，下面就分别对其进行介绍。

（1）simile（明喻）

英语中的 simile 是对两个不同事物的相似点加以对比，用浅显、具体的事物去说明生疏、深奥的事物，使语言表达生动形象，更好地传神达意。从结构上看，simile 基本上由一个要素构成，即本体、喻体和喻词。本体指被比喻的对象，喻体指用来比喻的对象，喻词用于本体与喻体之间，具有连接介绍的作用。

simile 的基本表达方式是："甲像乙"。在英语中，simile（明喻）修辞中常用的比喻词有：like, as, seem, of, than, seem, the way, compare to, remind of, resemble 等。

（2）metaphor（暗喻）

英语中的 metaphor（隐喻/暗喻）不用比喻词，而是直接把喻体当作本体来描述，其比喻的关系隐含在全句中。所以，从某种程度上来讲，metaphor（暗喻）的修辞效果较 simile（明喻）更加有力、突出。

（3）metonymy（借喻）

metonymy（借喻），又被称为"转喻"，主要借助两者相近或类似的特征的联想，借助于喻体用来代替本体。换言之，借喻修辞格涉及名称互换，借喻体喻指本体，借喻修辞手法中本体与比喻词都不出现，只出现喻体。metonymy 以形传神，光彩夺目，它是一种广泛而有效的修辞手法。

2. 汉语比喻

比喻又称"譬喻"，俗称"打比方"，要通过心理联想的方式对不用事物存在的相似点加以利用，即借助一种事物来对要表现的事物加以描绘。比喻主要用于描写事物、人物、景物以及说理论事。根据比喻事物与本体事物之间的划分，汉语比喻通常分为三类：明喻、暗喻和借喻。

（1）明喻

明喻又称"直喻"和"显比"。明喻的使用可以使所描述的事物形象化、具体化、浅显化、通俗化。明喻的本体与喻体之间常用"像""似""若""比""同""如""如同""似的""一样""仿佛""像……一样"等词语作比喻词。汉语明喻中的本体、喻体和比喻词三个要素一般同时出现，基本形式是：甲（本体）像（喻词）乙（喻体）。

（2）暗喻

暗喻又称"隐喻"，是比喻的一种。与明喻相比，暗喻的本体与喻体之间的关系更密切。暗喻可分为两种情况——带喻词的暗喻和不带喻词的暗喻。

（3）借喻

借喻，就是本体不出现，用喻体直接替代本体的比喻。借喻是比喻的最高形式，借喻可以省去许多直白的文字，令语言精练简洁、结构紧凑。借喻表现的对象可以是人、物、事，也可以是理、情、意。借喻多用于抒情散文、诗歌以及通俗的口语中。

（三）英汉夸张修辞对比

夸张是修辞格之一，运用丰富的想象，夸大事物的特征，以增强表达效果。可以看出，夸张是一种用夸大的言辞来增加语言的表现力的修辞方式，但这种夸大的言辞并非欺骗，而是为了使某种情感和思想表现得更加突出。

英汉夸张在修辞效果上是相同的，即都借助言过其实、夸张变形来表现事物的本质，渲染气氛，启发读者联想。但是，英汉夸张也存在着差异，具体表现在分类和表现手法两个方面：

1. 分类对比

（1）英语夸张的分类

①按性质划分，英语夸张可分为扩大夸张和缩小夸张。

扩大夸张就是故意将表现对象向高、多、大等方面夸张。缩小夸张就是故意将表现对象向低、小、差、少等方面夸张。

②以方法为划分标准，可分为两类夸张，一是普通夸张，二是特殊夸张。

借助普通夸张来表现夸张是以表现对象的原来基础为基础的，即不需要借助其他的手段。而所谓特殊夸张，即与其他修辞方式相结合进行的夸张（或者说夸张方式体现在其他修辞方式之中）。

（2）汉语夸张的分类

①按意义划分，汉语夸张可分为扩大夸张、缩小夸张和超前夸张三种类型。

扩大夸张就是故意将事物的数量、特征、作用、程度等夸大；缩小夸张就是故意把事物的数量、特征、作用、程度等往小、弱的方面夸张。超前夸张就是故意将两件事中后出现的事说成是先出现的或是同时出现的。

②以构成为划分标准，可划分为两类，一是单纯夸张，二是融合夸张。

所谓单纯夸张，意味着无需用其他的修辞方式，可以将夸张直接表现出来；而融合夸张就是指夸张的表现要借助一些修辞方式，例如比喻、拟人等。

可以看出，英语和汉语中都有扩大夸张和缩小夸张，但是汉语中有超前夸张，这是英语中所没有的。

2. 表现手法对比

在表现手法上，英语多借用词汇手段进行夸张，如通过形容词、名词、副词、数词等表现夸张；而汉语则多借助直接夸张或修辞手段来表现夸张。

（四）英汉对偶修辞对比

对偶是指用字数相同、句法相似的语句表现相关或相反的意思。运用对偶可有力地揭示一个整体的两个相反相成的侧面，暴露事物间的对立和矛盾。英汉语言中都具有对偶这种修辞手法，在修辞效果上，英汉对偶是相同的，但在结构上，二者却存在差异。① 具体体现在以下几个方面：

1. 句法层次对比

英语对偶中的两个语言单位可以处在两个并列分句中，也可以处在同一个简单句中，还可以处在主从句中。但汉语的对偶其上句和下句之间一般都是并列关系。

2. 语言单位项数对比

英语中的对偶既可以是成双的语言单位，也可以以奇数形式出现，如一个或三个语言单位。而汉语中的对偶是成双排列的两个语言单位，是双数的。

3. 省略与重现对比

英语对偶则没有严格的要求，既可以重复用词，也可以省略重复词语。汉语对偶中没有省略现象。

（五）英汉设问修辞对比

设问修辞指的是利用先问后答的方式进行语义突出与强调的修辞方式。通过设问修辞，能够引起交际者的注意，启发人们的思考。英汉两种语言中都有设问修辞的使用。英语中的设问修辞主要有两种表现方式。

（1）肯定形式的疑问表达否定含义。这种类型的修辞疑问句的形式是肯定的，但是其语言的内在含义却是否定的。

（2）否定形式的疑问表达肯定含义。汉语中也含有大量设问修辞的使用。

英汉语言中设问的修辞方式在形式上和功能上都带有很大的相似性，能够引起人们的注意与思考。

（六）英汉排比修辞对比

排比是指利用两个或两个以上结构相同或相似、意义相关的短语或句子平行并列，起到加强语气作用的一种修辞方式。英汉两种语言中都有排比这种修辞方式，而且它们之间既有相同之处，也有不同之处。相同之处表现为：有着相同的分类，英汉排比都有严式排比和宽式排比之分；有着相同的修辞效果，都能够使语言的连贯性加以增强，将文章内容凸显出来，从而强化文章的结构并增强文章的气势。

英汉排比的不同之处主要体现在结构上，具体表现在省略和替代两个方面。其中，在省略方面，英语排比很少有省略现象，只有在少数情况下有词语省略的现象，通常省略的多是动词这种提示语，有时也省略名词。而汉语排比

---

① 张娜，仇桂珍. 英汉文化与英汉翻译［M］. 成都：电子科技大学出版社，2017：76.

中基本不存在省略现象。在替代方面，英语排比的后项通常用人称代词来指代前项的名词，汉语排比则常常重复这一名词。

（七）英汉双关修辞对比

双关意味着同一个词语或者句子不只有一个意思，除了字面意思之外，还有一定的言外之意。这种词句往往是一箭双雕的，主要的意思就体现在言外之意中，而字面意思却还是次要的。对于英语来说，其双关的范畴远远不只以一个显性铰链将两层或者多层不同意义的双关进行激活，还会通过多个显性铰链将更多层的双关意义激活。当然，也存在一些双关语能够通过一个显性铰链对多层不同的意义进行激活并以两个显性铰链对两层不同的意义进行传递。

1. 英语双关

英语双关，就是表面上说的是这件事，实际上是指另一件事。它可以是同音异义，例如：

An ambassador is an honest man who lies abroad for the good of his country.

大使为了本国的利益在国外多么忠诚地说谎！

句中 lie 有两个意思，既可以理解为"住在"，又可以理解为"说谎"。

也可以是同音异形异义词（homophone），如：

On the first day of this week he became very weak.

这个星期他身体变得虚弱了。

还可以是同形异音异义词（homograph），如：

Finding tears on her coat, she burst into tears.

发觉外衣破了，她放声大哭起来。

2. 汉语双关

汉语双关语主要利用词语的多义或同音（或近音）条件构成，可分语义双关和谐音双关两类。语义双关，是借用多义词来表达的，表面说的和所要表达的实际意思是两回事。

谐音双关，是利用同音（或近音）条件构成的双关。另外，汉语中还有许多用谐音表示的歇后语，例如：外甥打灯笼——照舅（旧）。可见，双关语表现形式多种多样，意义内涵丰富多彩。有些双关语是中西共享的，可以找到对应的表达。如：

"… Pale green does not suit you, especially green around the gills."

"……淡青色和你不相配，特别是脸色发青。"

green around the gills 是一个习语，意为（吓得）脸色发青。这里英语 green 表达出的双关意思在汉语中也能有找到相同的表达，而且能够与汉语中的四字词语相对应,当然,这属于一种巧合现象。

英汉语言中,双关语的表达出现对应的现象属于少数,多数情况下,在目标语中都无法找到双关语的对应表达,因此,译者在翻译过程中,对于双关语承载的意义很难全部翻译出来,无法将原文的双关语含义进行完全复制,原文中双关语的修辞方式也不容易通过翻译来表达。基于此,如果还是以"忠实"的原则去要求翻译,翻译的效果就会大打折扣。也就是说,这时候翻译人员应当更加关注如何做到达意,这样翻译双关语的思路就能打开。

翻译文学作品,可以使用增加注释的方法。而在翻译影视作品时,加注显然失效,但是译者大可采用重写或改变的方法以保留双关语形成的幽默风格。①

在双关语的翻译上,将原文的修辞效果加以保留并保持完整的文本是最为重要的,但是原文双关语的形式以及意思并不一定要保留下来,也不需要将双关语放在完全相同的文本位置上。为了维持原文的效果,可以适当地对上下文进行一定的改动,这样一来,处理双关语的方法就会更多,在翻译双关语时也会更加灵活,双关语的翻译也会更加方便。

（八）英汉拟人修辞对比

在英语中,拟人意味着要赋予动物以人类的性状或者感情,即对无生命的物或抽象概念赋予生命以及人类属性,或者在外界事物上加上人类的特点与特性,这种修辞手法就是将一些事物人格化。

汉语拟人则是把物当人描写,赋予物以人的言行、声情笑貌,这种修辞手法又叫人格化。换言之,拟人是根据想象把无生命的东西当作有生命的东西来描写,把物当人描写,赋予各种"物"以人的言行或思想感情。英汉拟人修辞的不同点主要体现在以下几个方面。

第一,汉语指称系统的词汇化拟人和英语动词系统的词汇化拟人。对于汉语指称系统来说,其本身就是一个符号世界,里面充满了隐喻,指称的对象有事物、现象、状态以及行为。中国人尤其注重指称的具象性,据此造出形象性的语词。在英语动词系统中,有较为丰富的综合性拟人表达方法,词汇缺项现象是英语语言中最为常见的一种,也就是说,从数量上看,名词要比特指动词多。但汉语特指动词缺项与英语也有所不同。

造成这种差异的原因一方面在于英语"结合法"的构词方法,此方法使N→V等转类成为可能,但汉语的许多词是兼类的,也就无所谓转化。英语动

---

① 董晓波. 英汉比较与翻译 [M]. 北京：对外经济贸易大学出版社,2013：138.

词的拟人表达在汉语中无法对应，汉语对应表达通常不用拟人。

第二，英汉词汇化拟人的不完全对应的现象。词汇化与语言特点和文化背景都有关联，英语中的拟人受到国家地理、文化等方面的影响。英国属于岛国，因此在英语拟人就出现了很多关于航海的词汇化拟人。

中国多山，但是在汉语中则多对其进行平铺直叙。在西方，人们习惯于用Father来拟称河流。中国一直是农业文明，整个华夏民族都由长江、黄河等河流哺育，这也是为什么汉语中将这些河流称为"母亲河"的原因。这就是英汉语言与文化的不完全对应现象。

二、英汉修辞文化翻译

（一）直译法

直译法的运用一般要求不违背译文的语言规范以及不会让人产生错误联想，这样就可以在翻译中将原文的比喻以及习惯用法保留下来。[①] 运用直译法，一般分为以下几种情况。

1. 英汉在修辞格的类型上，还是比较相似的，都有明喻、暗喻以及拟人等多种修辞方式。例如：

Sometimes the pen may be mightier than the sword.

有时文人比武士更有力量。

2. 对原修辞格加以保留，能够突出特殊的民族或者地方色彩，方便表达特殊的含义。例如：

packed like sardines

挤得像罐头里的沙丁鱼

总之，无论哪种方式，哪种修辞手法，只要是与目标语文化和习惯相同或相近的，我们都可以采取直译的方法。

（二）意译法

所谓意译法，在译语文化存在差异时运用，即需要将原文的字面意义进行舍弃，以保证译文能够体现与原文相似的内容与语言功能。[②] 如果原文的思想内容同译文的表达形式相矛盾，这种情况下，采用意译的方法是最好的，而不适宜采用直译。意译法一般用于直译不能正确传递原文意思的情况下，例如：

---

① 佟磊. 英语翻译理论与技巧研究 [M]. 长春：东北师范大学出版社，2017：134.
② 闫丽君，杨林. 英汉语言文化对比与翻译 [M]. 银川：宁夏人民出版社，2013：140.

（1）民族文化差异而形成的表达缺失；

（2）直译虽能达意，但是效果不明显。

在这两种情况下，意译法就成为译者的首选。意译法形式多样，诸如：

1. 代换修辞格

在英汉修辞语言中，有很多词都有不同的形象意义，但是从文化内涵的角度来看，其涵盖的内涵与交际意义又是相似的或者一致的。因此，为了保证译文同原文在色彩上保持一致，在实际的翻译中，为了克服障碍就可以采用代换法。在文学语言中，代换修辞格十分常见。然而，基于不同的文化背景以及不同民族的文化特点，翻译过程中应该对原有的修辞格进行代换，从而保证翻译的准确性，保证神似，从而达到殊途同归的效果。例如：

（1）He is all fire and fight.

他怒气冲冲，来势汹汹。

（2）From their slopes flow streams feeding the oases strung along the rim of inland deserts.

条条溪水，潺潺而下，滋润着镶嵌于内陆沙漠边缘的片片绿洲。

上述英语句式的修辞所采用的是头韵的修辞法，而在翻译成汉语时，运用了不同的修辞方法，好比对偶、叠词以及象声词等等，这样是与汉语的表达习惯相一致的。又如：

（1）Speaking silence, Dumb confession.

千言万语的静默，默默无声的坦白。

（2）A being darkly wise, and rudely great.

愚昧的聪明，拙劣的伟大。

由此可见，上述两句话运用的是英语的矛盾修辞，而在翻译成汉语时运用了排比的修辞，而这种翻译的方式能够增强句子的感染力。因此，这就说明，在进行英汉翻译时，不能单纯地翻译字面意义，也不能对语法结构进行直译，而最好的翻译方式就是要结合上下文的意思，对翻译的形式进行灵活转换，从而保证译文能够让人容易理解，并与汉语的阅读习惯相符合。

2. 转换比喻形象

中西由于民族现实环境和社会状况不同，其对于词汇的引申意义的认识自然是迥异的。因而，在处理英语修辞格句子的翻译时，有时必须更换比喻的形象。如"like mushroom"译成"雨后春笋"，而不是"像蘑菇一样"，这样处理符合目标语表达习惯，更能被读者所接受。再如：

like a duck to water　　如鱼得水

as majestic as a lion　　虎虎生威

总而言之，基于特定的历史文化背景，英汉在修辞方式上有所不同，这种修辞方式本身就是组成文化的重要部分，它们既有相同点，又有不同点。在实际的翻译中，翻译人员应当对英汉不同的修辞方式进行合理把握，对不同的文化因素加以考虑，从而保证翻译符合英汉两种语言的习惯，对于原文信息一定要加以尊重，达"意"至上，追求形式统一，尽可能去保持原文的表现力和感染力。

（三）增译引申法

在翻译英语某些用了修辞格的句子时，往往要引申词义。有时按照字面意义和语法结构直译出来会使人感到别扭，甚至不解。为了使行文流畅易懂，要注意词义的选择和引申有时需要增加一些词来更忠实地表达原文的思想内容。例如：

to showoff one's proficiency with the axe before Lu Ban the master carpenter

班门弄斧

其中"Lu Ban the master carpenter"属于增译文字。这样处理使源语中的文化信息得到了充分体现，有助于目标与读者更好地了解异国历史和文化，从而实现翻译的交际功能。

总而言之，英汉修辞方法是在特定的历史文化背景条件下产生并延续下来的，它本身是文化的重要组成部分，存在着既一致又有区别的特点。因此，在翻译中正确处理两者的修辞方式，应尽可能考虑不同的文化因素，以符合英汉语习惯的修辞方式；尊重原文信息，达"意"至上，追求形式统一，尽可能去保持原文的表现力和感染力。

第二节　英汉语用文化对比与翻译

一、英汉语用文化对比

（一）语用功能对比

1. 语用语调对比

英汉两种语言在语用语调方面存在很大的差异，下面具体从语调功能角度对二者进行对比分析。

（1）英语的语调功能

英语属于印欧语系，是一种拼音文字。在口头交际过程中，英语主要利用语调、重音、停顿等形式来表达具体的语用含义。其中，英语语调对交际有着重要的影响。一般来说，英语语调都伴随着说话人的个人感情色彩，是通过约定俗成的规律和语音系统进行的。在调控语调的过程中，一般需要利用语调组。所谓语调组，通常是由调头、调核、调尾三部分组成的。其中调核对整个语调有着关键的影响作用，决定着语调的高低、长短、节奏等。在具体的语言交际过程中，交际者需要根据不同的交际目的选用不同的语调方式。① 英语语言学家韩礼德根据系统音系学的理论提出了英语语调的三个选择系统，即进行语调组划分、确定重音的位置、选择核心语调。下面分别从以下几点进行分析。

①声调

英语声调主要有五种：降调、升调、降升调、升降调和平调。在交际中通过使用这些声调能够表达出不同的语用含义。即使对于同一个句子来说，由于语调的不同，其语用含义也会有所不同。

②重音

重音也是英语语调表达的重要方式，其通过对不同词汇进行强调、对不同语气进行加强来更改句子的语用功能。除了对词汇进行重音强调之外，英语中多使用词汇手段突出重音形式，进行不同的语用功能表达。

③停顿

在英语语调中，还有一种重要的形式，那就是停顿。所谓停顿，是指受表达需要和句子结构的影响，需要对其进行停顿、间歇。在英语中，停顿的出现会对一个句子的意义产生一定程度的改变。

（2）汉语的语调功能

在汉语中，主要有阴平、阳平、上声和去声四种基本调值。汉语的语调是其语言的重要特征之一，对语用功能有着关键的影响作用。除了基本的调值外，汉语也可以通过声调、重音和停顿来体现句子含义及其语用功能。

①声调

汉语中的声调主要有四种，即升调、降调、平调和曲折调。由于声调不同，其句子的语用功能会发生一定的变化。

汉语中还有很多语气词，如"啦""啊""嘛""呀"等，它们也可以用来影响语用功能的发挥。

---

① 冒国安. 实用英汉对比教程［M］. 重庆：重庆大学出版社，2004：198.

②重音

汉语中也有通过重音来表达具体语用内涵的使用情况。一般来说，汉语中的重音主要包括两种：一是语法重音，二是逻辑重音。

所谓语法重音，是指发话人根据语法结构的不同，对某一词语进行强调的一种方法。

所谓逻辑重音，指的是发话人通过对前后语言和人物进行对比，以对其中一方的语音方式凸显出来。需要指出的是，逻辑重音影响着交际者对话语是否理解。例如：

我//知道你会来看我。

这句话的意思是说，只有我知道，其他人不知道你会来看我这件事。

我知道//你会来看我。

这句话的意思是说，你会来看我这件事我是知道的，所以不容易瞒住我。

我知道你//会来看我。

这句话的意思是说，我知道你肯定会来看我，但是不知道其他人会不会来。

③停顿

在汉语语调中，停顿的使用也会影响句子的语用功能。例如：

老师看到我//笑了。

老师看到//我笑了。

对上述两个句子进行分析，虽然二者的语言结构相同，但是根据不同的停顿方式，其语言含义有着重要差异。其中，第一个句子表示的是"老师笑了"，第二个句子表达的则是"我笑了"。

2. 词汇语用对比

词汇语用指的是利用词汇变化来表达话语的语用功能。通过词汇语用的使用，交际双方都能了解话语的言外之意，从而促进交际的顺利进行。英汉两种语言中带有不同的语言使用规律，下面就对二者的词汇语用进行对比分析。

（1）词汇运用变化对比

在词汇语用变化方面，英汉两种语言带有很大不同。英语主要是通过屈折形态变化来表达不同的语用含义，而汉语则较多通过词汇手段，如虚词、语气词、助词等来表现语用功能。

（2）词汇运用原则对比

由于受到不同的社会背景、历史环境等因素的影响，不同的语言形成了不同的词汇系统，在词语的运用和选择上也带有很大的差异性。例如，在打招呼方面，英语习惯通过问候天气，而汉语中则较多用"吃了吗？""干吗去？"等进行表达。受中西方传统思维形式的影响，西方人多为直线思维，表达过程中喜欢直接表达自身感受，并注重个人隐私与个人空间。中国人受儒家思想的影响，注重交际中的礼仪，在问候、称呼、称谓等方面都带有自身的特点。

3. 语法语用对比

英汉两种语言在语法语用方面也带有各自的特点，因此也会产生不同的语用功能。不同的语用功能可能会通过相似的句法形式传达，相同的语用功能也可能通过不同的句法形式传达。从这个意义上说，对于英汉语法语用进行研究十分有必要。

（1）不同句法形式带有相同的语用功能

在具体语言环境的作用下，交际者会根据不同的交际意图，选择使用不同的语言策略。在英汉两种语言中，存在不同的句法形式但是具有相同的语用功能的表达。例如：

Close the door.

关门。

Someone's forgotten to close the door.

有人忘了关门。

Can you feel cold in this room?

在屋子里你感觉冷吗？

上述例句有祈使句、陈述句和疑问句三种语言形式，但是其最终的语用功能都是用来表达命令。需要指出的一点是，在请求他人做事时，英汉两种表达带有差异性。通常，英语中会使用间接的言语行为，而汉语则通常使用直接的言语行为。

（2）相同句法形式带有不同的语用功能

语用学主张联合不同的语言环境进行话语的理解。在具体的交际场景中，相同的句法形式也可能带有不同的语用功能。在英汉两种语言中，这一点都有所体现。例如：

Can you shut up now?

你能闭嘴吗？

这句话为一般疑问句，看似是疑问语气，但是在实际交际过程中，也能表达一种威胁的含义。

What time is it now?

现在几点了？

上述例句为特殊疑问句，用于平常的语境中可以表达询问时间之意。但是，在特殊语境中也能表达出一种抱怨的语用含义。英汉两种语言中都含有相同句法形式具有不同语用功能的现象，在具体的语言理解和跨文化翻译过程中应该进行具体区分。

（3）英汉其他语法手段的语用功能对比

除了上述提出的句法手段之外，在语言表述中还可以使用一些其他语法手段，如语态、时态、附加语等来表达不同的语用功能。英汉两种语言在这些语法手段上带有各自的差异性。例如，英语具有屈折形态形式，但是汉语中却没有。

（二）语用失误差异

1. 英汉不同的称呼语导致的语用失误

称呼语是人们用来进行交际的先导语，只有在使用得当的情况下才能顺利打开交际的大门。可见，称呼语是影响社交过程的首要因素。

在西方国家中，父母、兄妹、姐弟都可以彼此直呼姓名，是一种长幼无别的亲属关系，这说明西方社会的称呼语是贫乏的。西方社会两代人的家庭组合结构使得他们之间完全不需要各种名目繁多的称呼语。在中国社会中，"上下有义、长幼有等"的亲属关系使中国人十分看重称呼语，这也是中国传统文化观念的反映。

在中国，人们往往不会直呼比自己辈分高的人的名字，父母、亲戚、邻居都包括在内。除了亲属关系中体现的长幼伦理文化，在行政职务等方面同样也会体现出一定的等级关系。例如，李老板、张科长、王教授等，这些称呼语的使用将更加有利于交际的顺利进行。

由上可知，英汉称呼语存在着很大的不同，在人际交往中必须注意称呼语的使用，如此才能保证社交活动的正常进行，避免语用失误现象出现。

2. 英汉不同的委婉语导致的语用失误

无论在哪一种社会文化中都存在语言禁忌。委婉语主要源自禁忌。从古至今，人们都会对一些事物心存忌讳。为了人们都能接受，为了交际的顺利进行，为人所忌讳的字眼就必须用一些非禁止的词语来替代，敏感、刺激的话题必须以一种人们认为高雅、得体的形式出现。这就是委婉语产生的背景，也是不同文化背景下委婉语产生的根源。例如，汉语中对怀孕生育就有很多委婉的陈述——遇喜、怀喜、身怀六甲等。

在英汉两种语言中，由于文化背景的不同使委婉语的使用表现出很大的不同，尤其是在不同的场合中，委婉语可以体现出不同的文化内涵。以"年老"的委婉语为例，西方国家大多崇尚家庭独立，往往子女成年后就会与父母分开居住，因此西方人怕老，认为"老"就是思想迟钝、僵化的象征，因此十分忌讳 old 一词, 而常用 well-preserved, seasoned 等词来表达 "年老" 之意。而中国素有尊老爱幼的习俗, 所以中国人常将年老看作经验和智慧的象征, 并以赡养老人为一种责任, 常以 "老" 为敬称, 如 "您老" "老夫" 等。

二、英汉语用文化翻译

(一) 常规语用文化翻译方法

1. 直译

英汉语言虽然在文化背景上带有巨大的差异性, 但是语言是对客观世界的反应, 不同地域的人面对同一种客观事物可能会产生相似或相同的感受, 因此语言中会有一定的对应表达方式。这种对应表达的存在为直译的使用创造了有利条件。直译是建立在对源语、原文作者、目的语和译文读者的认知环境有充分了解的基础上的一种翻译方法。因此, 翻译人员要对翻译的二三元关系, 即对原文作者、译者、目的语读者之间的关系有充分的了解, 否则就可能造成交际的失败。有的文化词, 即使认知环境不同, 也仍然可以理解, 在这种情况下, 运用直接的方法能够将源语的语体形象与文化韵味保留下来, 也就是说, 语词的文化内涵能够得到完整地显现。例如:

pie in the sky 天上的馅饼

上述例子中 pie in the sky 的说法源自美国作曲家乔·希尔在 1911 年所创作的《传教士与奴隶》这首著名歌曲。显然, 汉语的普通读者对这一特殊的社会文化认知语境是无从知晓的, 但这一表达方式与汉语中的 "天上不会掉馅饼" 的说法很接近, 因此汉语读者很容易理解 pie in the sky 的说法是用以形容不可能实现事情的, 可以将其理解为暗喻 "渺茫的希望" "不能实现的空想" "空头支票" "虚幻的美景" 等。又如:

He was shanghaied to Africa before 1949.

1949 年前他被拐骗到非洲。

在上述例句中, 词语 shanghai 这一词汇是由上海这个城市的读音传入英语中去的。其源自 19 世纪, 美国水手把开往中国的航行 (实际上是开往上海) 看作是危险的旅途, 谁也不愿意前往, 于是船长和大副们组织亲信来到酒吧, 用酒或药将人灌醉劫持到船上, 充当初级水手。当他们醒来, 船已经航行了很远, 只能身不由已到上海去。shanghai 这一词语便有了动词义, 用以表达 "拐骗" "威胁" "使失去知觉" 的含义。

2. 意译

不同的民族, 在思维方式上有所不同, 因此会产生不同的语言表达方式。

基于这种现实情况，翻译人员在进行翻译的过程中就要着重注意源语的表达，在特定的语境下要将其隐含的语用意思翻译出来，即将源语的语用含意用译语完整、准确地再现出来，这种方法就是大家通常所说的意译。而从语用学理论角度来看，这种翻译就是语用翻译（translating the pragmatic implicature of the original expression）。意译策略的使用是因为不同语言文化间的差异性。在翻译过程中，并不是所有表达都能在译语中找到对应的语言，这时可以从语用角度出发使用意义策略将原文的语用内涵表达出来。

3. 对译

对译策略的使用主要针对的是人类语言表达上的相似性。英汉两种语言中有很多相同语用内涵的表达使用的是不同的语言形式，在翻译这种表达时就可以使用对译策略。表达方式用译语相对应的表达形式译出，而不改变其文化内涵。例如：

to have the ball at one's feet　　胸有成竹

上述例句中的英语原指一个足球运动员已经控制了球，随时可以射门得分，现用以传达"稳操胜券""大有成功的机会"的含义，这与汉语中的成语"胸有成竹"的含义相当吻合，因此可以将其译为"胸有成竹"。再如：

to spend money like water　　挥金如土

wait for gains without pains　　守株待兔

需要引起注意的是，翻译人员在应用对译法时不能随心所欲，应尽量避免对文化差异的估计不足而导致的误译，因为英汉语言中的一些习语虽然在字面意义上相互对应，但其实际隐含意义却相去甚远。例如：

Talk of the devil and he will appear.

说曹操，曹操就到。

在英语中，单词 devil 带有贬义色彩，而在汉语中"曹操"一词并无贬义，如果按照上面这样对译，就不能很好地传递源语的文化内涵。

4. 移译

所谓移译，是指把源语的表达方式部分或全部地移入目的语中，也就是说译语中保留了源语的书写形式，即文化外壳。在现在的日常生活中这种翻译随处可见，如卡拉 OK、VCD、DVD、E-mail、Internet 等。一般来说，这些词语属于社会语言学层面中的文化词，都具有强烈的时代气息。

从翻译的角度看，这种保留源语书写形式的文化传输虽然含有很大的文化信息量，而且具有浓郁的时代特征，但这种翻译从本质上来说并不是真正的翻译，只能当作是语词借用（即以"外来词"形式出现）。然而，由于这种翻译在高度浓缩中，只保持了语词的文化外壳，摈弃了源语的完整语词表达形式或话语形式，从而实现了"翻译"的交际效用，体现了一定的语用策略。例如：

I'd like to have Jiaozi.

我喜欢吃饺子。

随着国际社会、文化交流的日益频繁，不同民族将会享有越来越多的共同的认知环境，国际通用的名称和符号也会越来越多，移译凭借其简洁易行的优点将会得到越来越广泛的应用。

5. 语用过程翻译

语言是一个动态的过程，有着分析、转换、表达三个阶段。翻译是两种或多种语言之间的转码活动，需要译者在理解原文的基础上进行释义和表达。语用过程翻译指的是重视语言的转码活动，从过程论的角度出发进行翻译。翻译中出现的问题很可能是译者的理解和表达有所疏漏，这就在一定程度上说明翻译的过程决定着翻译的结果。翻译结果——译文是译者进行思维创造、语言组织、语言加工后的过程，对译文的理解不能仅从表面意义出发，还需要考虑译文的形成过程，从而遵循作者的思维轨迹，对译文做出客观的评价。

6. 语用语境翻译

语用语境翻译要求译者在语言学的不同层次，即词汇、语法和语义中找到最近的、最自然的对等语完成翻译，以达到等效目的。翻译时要注意语境，找到最好的联系，若想要从最大的程度上实现语用等效，那么译者需要运用多个语用学策略来灵活应对。翻译的本质是译者寻求原文和译文的认知语境之间最佳关联的过程。译者应充分发挥自己的主观能动性，尽可能使原文作者的目的和意图与目标读者的期望相匹配。

(二) 语用意义的翻译方法

在进行语言传达的过程中，信息一般都分为两个层次。其中表层的是字面意思，也就是理性信息；深层的是话语意思，也就是元信息或语用意义。交际过程中，话语的语用意义一般体现着说话人的交际意图。在翻译过程中，很容易出现语用意义与理性信息混淆的情况，这时译文的质量就不能保证。例如：

Invited me or not, I will come.

上述这个例句，如果直译，可以翻译为"不管邀请或不邀请我都会来。"从字面意义理解，这句话给人一种强势、粗鲁的感觉。但是在具体语境和发话人的文化背景的综合作用下，其语用内涵却可以发生不同。这句话出自埃及总统萨达特（Sadat），当美国记者问及，他是否会访美与卡特（Carter）商讨和平谈判问题时，萨达特给出了上述回答。在埃及，使用公式化表达十分常见，其语用内涵是用来表达想解决误会和恢复和睦的美好愿景。在翻译这种语用意义的句子时，译者需要结合具体语境和文化背景进行具体分析。

在具体语用意义翻译的过程中，混淆元信息的因素主要包括交际中参与和独立的矛盾以及语言中形式和功能的矛盾，翻译时注意这两个因素，能够提高译文质量，促进翻译的有效进行。语用意义的翻译在很大程度上就是减轻这两个方面矛盾的过程，下面进行具体分析。

1. 交际中参与和独立的矛盾

人类带有参与和独立两种状态，这两种状态同时存在。人类既需要在与他人沟通的过程中参与社会活动，获得一种群体感，同时还需要保有自身的独立意识，从而不为他人左右地生活。因此可以说，人类兼有个性和社会性，在公有社会中按照自身的个性生活。在具体的语用翻译过程中，由于中西方对待参与和独立的观点不同，因此会产生一定的矛盾，此时译者需要看到这种矛盾，并在译文中适当减轻二者矛盾，从而真正将翻译作为传递中西文化的桥梁。例如，很多西方国家重视个人主义，主张个性本位，带有强烈的求异思维。在这种思维的影响下，西方人对事物的考量总是从个人的角度出发，按照从微观到宏观的顺序。西方人喜欢标新立异、张扬个性、激烈竞争的民族性格和这种思维形式不无关系。在参与社会活动过程中，西方人重视自身隐私，觉得交际对方提及自身的薪资、婚姻状况等都是不礼貌的行为。中国人在传统文化的影响下注重集体和群体观念，喜欢从众，主张将自身利益放置在民族和集体的大背景下，力求个人与整体的相协调，在集体中寻求自我存在感和归属感。在这两种截然不同的参与与独立思维的影响下，英汉语言中对相关话题的表述也大不相同。在语用翻译过程中，需要注意二者的矛盾。例如：

中国人：Welcome to my home if you are free.

欢迎有空来我家玩。

英美人：I'll be free next Sunday. What about next Sunday?

下周日我有空，下周日怎么样？

上述对话给人一种十分尴尬的感觉，中国人在社会交往过程中习惯使用客套话来表达自己的热情，因此上述例句"Welcome to my home if you are free."其实是一种道别时的客套话语，并不表明说话人真实的语用含义。但是英美人以为上述是一种真诚的邀约，在个人时间观念的影响下，他主张定下聚会时间。

2. 语言中形式和功能的矛盾

语言中形式和功能的矛盾同样也是语用意义翻译的重要难题。在语言中形式和功能矛盾的作用下，翻译的过程可能受到语言形式的局限、词汇意义的差异、表达方式的差异、语言联想的差异等的影响，下面就分别对其进行分析。

（1）语言形式的局限

英汉两种语言在语言形式上带有明显的差异，在翻译过程中译者需要根据具体语境分析其语用内涵，从而找到相对应的表达形式。

（2）词汇意义的差异

英汉语言中的词汇，往往和其文化背景相关。很多词汇利用直译法并不能反映真实的词汇内涵，这时就会导致语用信息混淆。例如：black tea 红茶，nose job（整形）手术，bag lady 提着包无家可归的女士，fat farm 减肥场所。上述英文词汇如果按照直译法进行翻译，分别对应汉语中的"黑茶""鼻工作""包女士""肥农场"。如果译者不了解具体的英语词汇语用意义，会令读者感到费解，不利于语言的沟通与交流。由于我国有着悠久浩瀚的民族文化，汉语中词汇意义内涵更加丰富，与英语词汇的差异更是显而易见，在此不再赘述。

（3）表达方式的差异

表达方式的差异是造成语用元意义混淆的重要因素，英汉在日常语用、社会语用方面均带有自身特点。

（4）语言联想的差异

在文化差异的影响下，英汉语言联想也带有一定的差异性。例如，中国人认为自己是龙的传人，因此认为龙是一种神兽，而在西方国家，龙是一种邪恶暴力的生物。再如，在数字文化方面，中国人喜欢"8"，认为其和"发"发音类似，有着一种发财的语言联想。西方人在日常生活中对"13"有着不好的语言联想。这些不同的语言联想对翻译有着重要的影响作用，译者需要增加自身的语用和文化素质，从而应对不同的文化翻译。

（三）语用理论翻译方法

1. 预设的翻译

预设与翻译密切相关，在具体的翻译实践中，译者需要利用预设避免误解和误译，并需要在具体问题具体分析的基础上，摆脱之前的预设对语篇的影响。

（1）利用预设

预设对翻译有着极为重大的意义，因为译文好坏的确定在很大程度上受意义的影响。系统功能语言学认为，译者是通过词汇语法理解了原文意义，进而了解了原文语境，而表达时却是通过语境来把握意义，进而选择词语、使用语法的。换句话说，译者在翻译过程中通过运用有关思维获得文本的关联链，然后建构起连贯的信息，最后在此基础上选择最佳的表达方式。可以说，要想正确理解源语内涵，避免翻译转换过程中出现误解与误译，译者必须能够运用语用预设推理、结合语境分析。例如：

"Wanna go to a movie with me sometime, Jess?" asked Davey Ackerman.

"The name is Jessica. And no I wouldn't, I don't go out with Juveniles."

译文一：

"杰丝，想不想什么时候和我一起去看电影？"戴维阿克曼问道。

"名字是杰西卡。不，我不和你去看电影。我不和未成年的孩子出去。"

译文二：

"杰丝，想不想什么时候和我一起去看电影？"戴维阿克曼问道。

"叫我杰西卡。你拉倒吧，我才不呢。我不和小年轻出去。"

上例中，男孩本想用昵称 Jess 和女孩想套近乎，但女孩对他没什么好感，因此用 the name 这一特指纠正了男孩的称呼。对比译文一和译文二发现，后者将预设中女孩的冷淡态度表现得十分到位，与下文中女孩拒绝与其出去的回答十分相符，因而译文二质量更佳。

（2）摆脱预设

在翻译实践过程中，预设的作用首先体现在对原文含义的传递方面。但是意义的表达形式非常复杂，这就需要译者在具体的语境中进行推理判断，从而获得正确的理解。由于文本的差异性，译者不应过于执着于先前翻译实践中所形成的预设，而是应该具体问题具体分析，从而在最大程度上还原原文含义。例如：

… yet, as it sometimes happens that a person departs his life, who is really deserving of the praises the stone cutter carves over his bones; who is a good Christian, a good parent, a good child, a good wife or a good husband; who actually does have a disconsolate family to mourn his loss; …

……不过偶尔也有几个死人当得起石匠刻在他们朽骨上的好话。真的是虔诚的教徒，慈爱的父母，孝顺的女儿，贤良的妻子，尽职的丈夫，他们家里的人也的确哀思绵绵地追悼他们；……

在这个例子中，译者以作者的视域进行语用预设分析，根据真实的语境，将几个 good 分别翻译成"虔诚的""慈爱的""孝顺的""贤良的""尽职的"，十分贴切且具有变化性。而如果将 good 按照先前所形成的预设之上，将其译为"好的"则会使译文看起来呆板、笼统。

2. 言语行为的翻译

在对具体的言语行为进行翻译的过程中，译者需要把握好以下两个原则。

（1）彰显源语语用功能

言语行为理论最早由英国哲学家奥斯汀提出。言语行为理论认为，人们说话的同时也是在实施某种行为。作为一种跨文化交往的言语行为，翻译更是异常复杂。译者必须挖掘原文的"言外之力"，并通过或明晰或隐晦的方法将其传递给目的语读者才算是高质量地完成翻译工作。这就要求译者不能仅仅关注译文与原文语言表层的一致，更要关注二者语用功能的对等，要通过语境推导源语语用含义，在尊重源语意向、情感与价值观的基础上，使译文更加体现源语的语用功能，实现交际目的。例如：

... and, therefore, I say that if you should still be in this country when Mr. Martin marries, I wish you may not be drawn in, by your intimacy with the sisters, to be acquainted with the wife, who will probably be some mere father's daughter, without education.

……所以，如果马丁先生结婚时你还在这儿，可千万别碍着他两个妹妹的情面搭理他的太太。说不定他会娶个十足的乡下的女儿，没有一点教养。

上例原文节选简·奥斯汀的《艾玛》中艾玛对哈里特小姐说的一段话。艾玛反对哈里特与马丁交往，她的"反对"是通过"感情意义"表达出来的。译文通过"碍着……情面""搭理""十足的乡下人""没有一点教养"等表达将这一意图表现得淋漓尽致，十分符合原文所要传达的情感态度，实现了原文的语用功能，同时也提升了译文的质量。

（2）再现原文风格韵味

根据言语行为理论，译文应遵循话语轮换中的客观规律及其严密的逻辑思维，结合言语行为，通过语境的再创造呈现原作的韵味。例如：

Believe me, my dear Miss Elizabeth that your modesty, so far doing you any disservice, rather adds to your other perfections. You would have been less amiable in my eyes had there not been this little unwillingness, but allow me to assure you that I have your respected mother's permission for this address. You can hardly doubt the purport of my discourse, however your actual delicacy may lead you to dissemble; my attentions have been too marked to be mistaken Almost as soon as I entered the house I singled you out as the companion of my future life.

"请相信我，亲爱的伊丽莎白小姐，你害羞怕臊，非但对你没有丝毫损害，反而使你更加尽善尽美。假如你不稍许推诿一下，我反倒不会觉得你这么可爱了。不过，请允许我告诉你一声，我这次找你谈话，是得到令堂大人许可的。尽管你天性害，假痴假呆，你一定明白我说话的意图。我的百般殷勤表现得够明显的了，你不会看不出来。我差不多一来到府上，就选中了你做我的终身伴侣。"

　　本例原文选自《傲慢与偏见》，原文中描写了善于阿谀奉承而又咬文嚼字、装腔作势的小人柯林斯在酒会上向伊丽莎白求婚的情景。原文中 for this address 之后，柯林斯接下来的话语就逐渐道出了他说话的最终目的——求婚，因此将其译为"我这次找你谈话"是符合原文的语境意义的言语行为。另外，将 I entered the house 翻译成"我……来到府上"显然要比"我……进这屋子"更符合当时言语行为的语境。

第六章　英汉习俗文化对比与翻译

英语和汉语是两种不同的语言，两者在很多方面都存在着差异。例如，词汇文化、句法文化、语篇文化、修辞文化这些方面都体现了英语和汉语的不同文化特色。除此之外，英语和汉语在习俗文化方面也存在着很大的差异。本章主要从英汉称谓文化、英译汉节日文化、英汉服饰文化、英汉饮食文化四个方面论述了英汉习俗文化的差异与翻译问题。

第一节　英汉称谓文化对比与翻译

一、英汉称谓文化对比

（一）亲属称谓对比

1. 称谓系统对比

英语亲属称谓简单、笼统，而汉语亲属称谓详细、具体。英语亲属称谓和汉语亲属称谓分属两个不同的系统——类分式和叙述式。

（1）英语亲属称谓归于类分式

这种亲属称谓的制度的特点是，以辈分来分类家庭成员，所承认的血缘具有五种基本形式，即父母、子女、祖父母、孙儿孙女、兄弟姐妹。[①] 在这五种等级中，第一等级包括我自己、我的兄弟姊妹及种种从表兄弟姊妹之属；第二等级包括我的父母以及他们的兄弟姊妹和种种从表兄弟姊妹之属；第三等级包括我的祖父母以及他们的兄弟姊妹和种种从表兄弟姊妹之属；第四等级包括我的儿女以及他们的种种从表兄弟姊妹之属；第五等级包括我的孙儿孙女以及他

---

① 赵友斌. 中西文化比较［M］. 长春：吉林人民出版社，2017：214.

们的种种从表兄弟姊妹之属。

根据这五种等级，父母、子女、祖父母、孙儿孙女、兄弟姐妹有具体的称谓，其他亲属没有更精确的称谓。例如，父母这个等级中，父称 father，母称 mother。父母的兄弟和种种从表兄弟一律称 uncle。这一称谓包括了汉语亲属称谓中的伯父、叔父、姑父，也包括母亲的兄弟及她姐妹的丈夫。由此可见，英语亲属称谓系统不标明亲属是父系还是母系，直系还是旁系，也不区分亲族的排列顺序，它只是以辈分作为区分亲缘关系的标记。

（2）汉语叙述式称谓系统

这种亲属称谓制度的结构系统是以几千年来亲族民俗继承的"九族五服制"为基础，既包括由血缘发展起来的血亲及其配偶系统，也包括由婚姻关系发展起来的姻亲及其配偶系统。于是，我国汉族的亲属称谓就十分详细，错综复杂。其特点是，不仅严格区分了父系亲族和母系亲族，直系亲族和旁系亲族，更标明了尊卑辈分和长幼顺序。

2. 长幼辈分的不同

在英语文化称谓中，长幼辈分一般都非常简单。他们只有代表祖孙三代的词语和汉语中的称谓相对应，也就是 grandfather，grandmother，father，mother，son，daughter，grandson，granddaughter。而要想称呼曾祖、高祖或曾孙、玄孙等，就要加上形容词 great，或者把 great 和 grand 放在一起使用，例如 greatgrand-father（曾祖）。[①] 一般情况下，英语亲属之间的称谓、长幼区分是非常模糊的，也不使用汉语中的数字进行排行。相比较，中国亲属之间的称谓是非常复杂的，它会因为辈分的不同而不同。就目前来说，中国现代亲属称谓中的 23 个核心称谓是母、父、夫、妻、子、女、兄、弟、姐、妹、祖、孙、伯、叔、姑、舅、姨、嫂、媳、侄、甥、岳、婿。

中国非常讲究长辈和晚辈的称谓，长辈能够直接叫晚辈的名字，反之却不可以，除此之外，即便是相同辈分的亲属，称呼彼此也要有长幼之分。例如，古时候的妻子称自己丈夫的哥哥为"兄公"或"公"，称丈夫的弟弟为"叔"，称丈夫的姐姐为"女公"，称丈夫的妹妹为"女叔"；如今孩子称爸爸的哥哥为"伯伯"，称爸爸的弟弟为"叔叔"。至于兄弟姐妹、兄嫂和弟媳之间，他们的称呼就需要通过数字来进行排行了，如大哥、二弟、三姐、四妹等。

3. 血亲和姻亲对比

从血亲、姻亲角度来对比英汉亲属称谓系统可以发现，英语亲属称谓系统

---

① 李侠. 英汉翻译与文化交融［M］. 成都：电子科技大学出版社，2020：185.

对血亲、姻亲的反映毫不明显，而汉语亲属称谓系统则明显地反映出血亲、姻亲的关系。

（1）英语亲属称谓中的血亲与姻亲

在英语称谓系统中，人们通过一些典型的亲属称谓词并不能看出血亲、姻亲的区别，如 uncle 这一称谓词不仅可以表示父亲的哥哥或弟弟，同时还可以表示母亲的哥哥或弟弟。可见，英语亲属称谓系统中对血亲、姻亲的体现很不明显。

（2）汉语亲属称谓中的血亲与姻亲

与英语亲属称谓系统所体现的血亲、姻亲不同，汉语亲属称谓系统中可体现出明显的血亲、姻亲的区别。在中国，家庭作为社会的基本单位，主要是由血亲、姻亲之间的复杂联系所构成的。在结婚前，男女双方都有属于自己的亲属，这些亲属之间的纽带就是血缘关系；在结婚后，由婚姻关系也带来了一些亲属，这些亲属之间的纽带就是姻亲关系。受历史传统文化的影响，我国家庭的成员之间非常重视血缘、姻亲之间的关系。在我国的亲属称谓系统中，血亲、姻亲所带来的亲属关系有明显的差别。

4. 尊称的对比

从尊称角度来对比可以发现，英语亲属称谓系统中人们的尊称意识较弱，而汉语亲属称谓系统中人们的尊称意识较强。

（1）英语亲属称谓系统中的尊称方式

众所周知，西方人所持有的价值观是自由、平等，因而他们所体现出的亲属关系都是平等的，人与人之间的沟通交流也十分随意。在英语亲属称谓系统中，亲属称谓语通常与姓氏连在一起使用。例如：aunt Any——安妮婶婶、uncle Tom——汤姆伯伯。

（2）汉语亲属称谓系统中的尊称方式

在汉语的传统文化中，人们提倡尊老爱幼，尊重长辈被认为是一种美德。这体现在亲属称谓中，就是使用尊称来对年长者表达一种敬意。例如，对于具有亲属关系的长辈，必须要用尊称；当不具有亲属关系时，称呼比自己年长的人也要采用亲属称谓语来表示。例如：王阿姨、张奶奶、李大娘等。

（二）英汉社会称谓对比

1. 普通称谓对比

人们将那些没有年龄、身份、职业区分的且在社会交往过程中使用频繁非常高的称谓称作普通称谓。下面分别来了解英语与汉语的普通称谓。

（1）英语普通称谓

大致而言，英语中的普通称谓语一共有七个，具体如下：

①Mr.，该称谓语通常与姓氏、姓名连用，是对没有职称的人或不了解对方职称的人的称呼，所表达的语气十分正式，体现出的人际关系相对而言较疏远。

②Mrs.，该称谓语与 Mr. 是一对，也是同姓氏、姓名连用，是对已婚女子的称呼，通常与其丈夫的姓氏连在一起使用。

③Miss.，该称谓语通常与姓氏连用，用来称呼未婚女子，所表达的语气十分正式，体现出的社会关系具有一定距离感。

④Ms.，该称谓语是由 Mrs. 和 Miss. 两个词合成而来的，是一个对女性表示敬意的词。该称谓语主要反映了西方女子忌讳公开自己婚姻状况的文化内涵，因而该词通常用来形容婚姻状况不明的女性。

⑤Lady，该词是用来形容女性的一个称谓语，意思为"淑女"，所体现的语气十分文雅。

⑥Sir，该称谓语意思为"先生、阁下"，通常泛指男性，表达比较正式，在使用时不需要同姓氏连在一起，所体现的人际关系比较疏远。

⑦Madam，该称谓语与 Sir 是一对，是一组敬称语。Madam 的意思为"女士、夫人、太太"，通常泛指社会上的女性，在使用时同样不与姓氏连用，表达比较正式，所体现的人际关系比较疏远。

在西方国家，在与人交谈时需要注意的一点是，如果清楚对方的职业、职称等，就要使用头衔称谓，而不能使用普通称谓，主要是用来表达对对方的尊敬。在汉语中同样如此，如当你知道王某是医生，则要称呼他为 Doctor Wang（王医生），而不能称呼为 Mr. Wang（王先生）。

（2）汉语普通称谓

在不同的历史时期，汉语中所使用的普通称谓是不同的。大致而言，常见的普通称谓语有如下几种。

①师傅、同志。这两个称谓语使用的时间最长久，二者不仅可以单独使用，还可以与姓名、职务相连用，且不用区分年龄、性别。例如：张师傅、王师傅、李同志、老同志、警察同志。

②先生、女士、小姐。随着社会的发展与进步，师傅、同志这两个普通称谓语日渐被先生、女士、小姐等取代。这三种普通称谓与国际通行的称呼方式接轨，十分便于国际交流，而且表现出简单、谦逊的语气。需要提及的一点是，由于现代社会人们常用"小姐"来形容从事色情服务的女人，因而当前人们的日常生活中已很少使用这个普通称谓语。而先生、女士这两种称谓的语

义呈中性，而且得体有礼貌，故成为现代生活中常用的称谓语。

③阿姨。该称谓语是对母辈女性的称谓，用来形容女性。

④大爷、伯伯、大叔、大妈等。这类称谓语是从亲属称谓语中转换来的，是一种泛亲属称谓，主要用来表示一种亲切的语气，以拉近人与人之间的关系。

2. 头衔称谓对比

所谓头衔称谓，即使用人的职业、职务、职称等来作为称谓语的现象。英汉语言中都存在头衔称谓，下面对其进行分析。

（1）英语头衔称谓

英语中的头衔称谓比较简单，通常限于博士、医生、教授，以及政界、宗教界、军事界、皇室成员等人。对这些人使用头衔进行称谓是为了表达一种尊敬。上述这几种头衔称谓既可以单独使用，也可以与姓氏连在一起使用。例如：

President Nixon 尼克松总统

Doctor White 怀特医生

（2）汉语头衔称谓

与英语头衔称谓相比较而言，汉语头衔称谓则要复杂很多，因为汉语中绝大部分的职业、职称、职务都可以用作称谓语，不管这种职业是大是小、卑微或显赫，都可以单独使用或与姓名连在一起使用，如省长、主任、市长、医生、教授、护士、会计、教练、老师等。

在汉语文化中，人们通常使用头衔称谓来明确表明某个人具有什么样的头衔，这是对对方的一种尊重。

3. 英汉拟亲属称谓差异

拟亲属称谓是亲属称谓语的变体，经亲属称谓语泛化而成。拟亲属称谓是为了表达对对方的尊敬之情。在英语中，很少采用拟亲属称谓。相反，拟亲属称谓方式在中国就很常见。

在中国，经常有人称呼与自己父母年龄相当或比自己父母年龄大的人为大爷、奶奶、大伯、大妈、大娘、伯母、叔叔、阿姨等。这些称谓通常会由一些核心词构成，如爷、奶、伯、妈、娘、母、叔、婶、姨等。其中，"爷"用于敬称祖父辈且年纪与祖父相当的男性，如大爷、李大爷、张爷爷。"奶奶"用于敬称祖母辈且年纪与祖母相当的女性，如奶奶、老奶奶、刘奶奶。"伯"用于敬称父亲辈且年纪比父亲大的男性，如伯伯、王伯伯。"娘"用于敬称母亲辈且年纪与母亲相当的已婚女性，如大娘、赵大娘。"伯母"用于敬称母亲辈且年纪与母亲相当的已婚女性。"叔"用于敬称父亲辈且年纪比父亲小的男性，如叔叔、李叔叔。"婶"用于敬称母亲辈且年纪比母亲小的已婚女性，如大婶（儿）、李婶（儿）。

此外，对同辈人之间也有拟兄弟姐妹的称呼。例如，对非亲属关系的同辈成年男子可称"大哥""老兄""兄弟""老弟"，对非亲属关系的同辈成年女子可称"大嫂""大姐""小妹"。

近年来，都市男女青年中还流行"哥儿们""姐儿们"的称呼，语言活泼显示出双方密切的关系。但在翻译这些称呼时要格外小心。例如，将"这是我姐儿们"翻译成"This is my sister"就很不妥，因为这样对方会误以为两人是亲姐妹关系。对此，正确的翻译方法应该是"This is my close friend"。

二、英汉称谓文化翻译

（一）语义等值翻译

语义等值是翻译中所追求的深层面的对等，它是在译文达到表面对等的基础上才进行的，如：格式、韵律、词性、语法等方面的等值。语义等值强调译文和原文在表达上应达到等值效果，原文中深藏的含义要在译文中有所体现，如作者想表达的感情以及这种内心情感本身所能给人的触动，能让两种语言的读者在欣赏不同语言的作品时思想感情达到同一个境地，正如同一首音乐能给不同国家的人带来的感觉一样，这就是无国界，语义等值正是要让语言产生这种无国界的感觉。

那么，在英汉语言中有些称谓语具有相等的语义和交际价值，在翻译时可以"对号入座"。在英汉语言中的一些亲属称谓语：父亲——father，爸爸——dad，mother——母亲，Mom——妈妈等。另外，像汉语中"姓氏+先生/太太/小姐等"这一类表达方式也可以对号入座，译成"Mr./Mrs./Miss+姓氏"的格式。例如：

"门子听了，冷笑道：'老爷说道何尝不是大道理，……'"

在以上的例句中，"老爷"指贾雨村，为新任应天府。杨宪益等译为"Your Honor"，可以说既符合源语所指，又符合译入语的习惯，因此，汉语与英译十分贴切妥当。

（二）换算与变通法

相对于英语称谓而言，汉语称谓多而具体，那么译者就应对源语中的情形予以充分考虑并推测其原因，在目标语中找到恰当的称谓进行翻译。例如，在英语文化中，"姑"和"姨"没有任何区别，都用 aunt 表示，为了将源语中的文化信息具体阐释清楚，就应稍微变通，因而用 paternal relatives 和 maternal relatives 对 "姑" 和 "姨" 进行具体区分。

（三）等效翻译

在英汉称谓翻译过程中，有很多称谓语既不能在形式上找到翻译对等语，又找不到合适的语义等值语（有时即便找得到，与原文的意思亦很难吻合），唯一的办法就是吃透上下文，弄清楚交际双方的关系、身份、语气、语境以及可能的语用含义，才能使译文自然、通畅。例如：

（1）"What's your name, boy?" he policeman asked…

（2）"You needn't look for it." said Della. "It's sold. I tell you—sold and gone, too. It's Christmas Eve, boy…"

（3）"I will, so help me!" Danny cried with abrupt conviction. "I'll beat you to death in the ring, my boy…"

以上四例中均采用 boy 一词作为称谓语。但在（1）中，boy 出自警察之口，因而带有一种上对下的威严口气，因此可译成 "伙计"；（2）中的 boy 是在说话人告诉听话人一些未知的事情之后对听话人的称谓，明显带有一种安慰和无奈的语气，可译成 "乖孩子/亲爱的"；（3）中由于使用了 "cried" "beat" "death" 等词使说话人和听话人处在气氛激烈的语境中，因此，这里的 my boy 明显带有一种讥讽和蔑视的口气，可译成 "小子"。

（四）增减翻译

由于英汉称谓系统中有许多称谓语没有完全的对等成分，所以不能直译，应根据上下文做些补充或删减以符合不同语言的习惯。例如：

I have seven grandmothers and eleven aunts, and I am their only successor.

我有奶奶、姥姥、姑奶等共七个，姑妈、姨妈、婶婶等共十一个，而我是唯一的继承人。

在上述例句中，英语中亲属称谓比较含糊，直译就会让中国读者感到困惑。鉴于这一语境，译者采用了增译法进行翻译。

第二节 英汉节日文化对比与翻译

一、英汉节日文化对比

（一）节日根源对比

文明体系是一个国家或者民族延续较长时间没有中断、影响较大，并且基础比较稳固和统一，色彩较为鲜明独立的文化体系。中国的农耕文明对人们的思维方式、价值观念、行为准则乃至文化价值产生了极大影响。西方国家最开始是以畜牧业为主的，其深受商品文化、农耕文化等体系的影响。

（二）节日庆祝方式对比

1. 西方以交际为主要庆祝方式

西方人在庆祝节日时会制作一些美食，如感恩节的南瓜饼、圣诞节的火鸡等。但其美食的种类与中国相比还是少很多的，而且食物本身及其名称也没有特别的含义，如南瓜是北美地区一种极为常见的植物，美国人吃火鸡也只是因为当时北美是火鸡栖息地。当然也有例外的情况，如在复活节，由于兔子和彩蛋是复活节最典型的象征，所以在复活节时，美国所有的糖果店都会出售用巧克力制成的复活节小兔子和彩蛋。

与中国节日活动相比，西方的节日活动更注重交往和欢乐。例如，英国北部、苏格兰等地的人们在庆祝复活节时会参加玩滚彩蛋比赛。人们将煮好的彩色鸡蛋做上记号，并将其从斜坡上滚下，谁的蛋先破就被别人吃掉，谁就认输。彩蛋完好无损就胜利，并象征着有好运。在节日活动中，重要的是人们收获了快乐，而不是比赛的胜负。

2. 中国以饮食为主要庆祝方式

中国的传统节日常以饮食为主题，许多节日有相应的节日食品，如端午节的粽子。西方国家的传统节日常以玩乐为主题，许多节日都少有相应的节日食品。中西方传统节日的差异，究其原因，主要是由思想观念和价值取向造成的。中国人对生命的追求以健康长寿为目的，主要通过饮食来实现，即"民以食为天"。而这些饮食又一般具有两大特征。

（1）全家共享

即以饮食为中心进行，多以家庭为单位开展。中国自古就有逢年过节之时回家团圆的传统，为了表现团圆的寓意，人们所吃的食物多是圆形的，如春节的汤圆、元宵节的元宵、中秋的月饼等。

（2）饮食观与自然时序的对应

中国人特别重视饮食与自然时序相对应，认为只有如此，作为自然的一部分的人才会健康长寿，所以节日习俗不仅以饮食为主，而且以特定的节日食品作为这些观念的最好注解。例如，冬至节人们有吃馄饨的习俗，因为该时节正是阴阳交替、阳气发生之时，暗寓祖先开混沌而创天地之意，表达对祖先的缅怀与感激之情。

近年来，西方的一些节日逐渐在中国流行，而中国的传统节日在西方一些国家也被定为法定节日。这一现象表明，随着中西方社会经济和文化的交流、交往日益频繁和密切，各自的文化正逐渐被对方所学习和吸收，逐步融入本土文化中。西方的一些节日，诸如母亲节、父亲节、情人节等，因人文色彩浓厚、主题鲜明、易于表达自己情感的特点，比较适宜现代社会强调"以人为本"的理念和生活节奏快的现实，所以在中国有所流行。同样，中国的一些传统节日因其具有欢乐、祥和的气氛和强调和谐、和睦的内涵，也开始在一些西方社会得到认可。

（三）重要节日对比

1. 圣诞节与春节

（1）圣诞节

圣诞节（每年的 12 月 25 日）是西方国家一年中最隆重的节日。西方很多国家的人们都十分重视这个节日，并把它和新年连在一起，而庆祝活动的热闹与隆重程度大大超过了新年，成为一个全民的节日。与中国人过春节相同的是，西方的圣诞节也很注重家人的团圆，人们围坐在圣诞树下，全家共享节日美餐，吃火鸡，齐唱圣诞歌，祈求幸福。

圣诞树是圣诞节中必不可少的。西方人以红、绿、白三色为吉祥的圣诞色。人们用一些如彩灯、气球、礼物和纸花等饰物来装饰绿色的常青树，点燃红色的圣诞蜡烛，期盼着穿着红衣、留着长长白胡子的可爱的圣诞老人。圣诞老人是圣诞节活动中最受欢迎的人物。圣诞节的那一天，圣诞老人会送给孩子们一份礼物，寓示吉祥、快乐。此外，人们也会互赠礼物，共同感受着节日带来的欢乐。

（2）春节

在中国，春节是一个古老的节日，也是最富有特色的传统节日。关于春节的起源有很多说法，但人们普遍接受的说法是春节是南虞舜时期兴起的。从时间上看，春节一般是指农历的正月初一，也就是一年的第一天，因此春节俗称"过年"。春节在百年的历史发展中，形成了一些较为固定的风俗习惯，其中有许多还相传至今。下面就介绍一些春节期间的习俗或庆祝方式。

①贴春联

春节期间人们要贴春联。春联也叫"门对""对联""对子"等，它以工整、对偶、简洁、精巧的文字描绘时代背景，抒发美好愿望，是我国特有的文学形式。据传这一习俗起于宋代，在明代开始盛行，到了清代，春联的思想性和艺术性都有了很大的提高。在民间，每逢春节，家家户户都要精选一幅大红春联贴在门上。不仅如此，人们还会在门上或墙壁上贴个"福"字。

②团圆饭

在中国，春节也是与家人团聚的时刻，这也是中华民族长期以来不变的传统习惯，在外的游子都争取在大年夜之前赶回家与家人团聚，吃团圆饭。团圆饭也称"年夜饭"，即全家人聚齐进餐，济济一堂，有吉祥和谐的寓意。在北方，人们吃"更年饺子"，而南方人吃年糕，预示一年比一年高。此外，团圆饭的饭桌上，鱼是必不可少的一道菜，因其有年年有"余"（鱼）之意。

③拜年

从大年初一开始，人们都早早起床，穿上最漂亮的衣服，在过年的欢乐祥和的气氛中，出门去走亲访友，恭祝来年大吉大利。这就是"拜年"。拜年时，通常是晚辈要先给长辈拜年，祝长辈人长寿安康，长辈可将事先准备好的压岁钱分给晚辈，因"岁"与"祟"谐音，因此压岁钱被认为可以压住邪祟，让晚辈可以平平安安度过一岁。

2. 感恩节与中秋节

（1）感恩节

在西方，感恩节是仅次于圣诞节的节日，时间是每年的 11 月的第四个星期日。在这一天，人们通常会到教堂做感恩祈祷，一些地方还会举行各种化装游行、戏剧表演甚至体育比赛等活动。此外，火鸡是感恩节的必备食物之一，在异乡的人们通常会在感恩节与家人团聚，分享以火鸡为主食的盛餐。

中秋节与感恩节的相同之处是与家人的团聚。其不同之处在于，中秋节更多的是对逝者或远方亲人的思念，感恩节则更多的是感谢家人与朋友对自己的帮助。

（2）中秋节

中秋节是中国另一个极其重要的节日，在中国人心中占有非常重要的地位。每年农历的八月十五为中秋节，因为该节日多是在秋天的中期，因此叫中秋节。中秋月圆，人之团圆，人们在中秋节寄托思念故乡、思念亲人之情，并企盼丰收、幸福。月饼是中秋节的必备食物，象征着团团圆圆。此外，在中秋节的晚上，人们还会与家人一起赏月。我国关于中秋的诗歌有很多，其中宋代词人苏轼曾写下著名的《水调歌头》，其中"但愿人长久，千里共婵娟"更是千古名句，诗人借诗词表达了对远方亲朋的思念之情与美好祝愿，也体现了豁达乐观的人生态度。

二、英汉节日文化翻译

（一）西方节日文化翻译

1. 直译法

为了更好地传播中西方文化，让异国读者也能感受本民族的特色，可以采用直译法，例如：

Father's Day　父亲节

Mother's Day　母亲节

Thanksgiving Day　感恩节

2. 意译法

在翻译实践中，直译也无法忠实地再现本族的民俗文化时，就可以考虑采用意译法，例如：

New Year's Day　元旦

Valentine's Day　情人节

Christmas Day　圣诞节

（二）中国节日文化翻译

由于中国的节日具有独特的渊源和特点，所以在翻译中国节日时不能采用千篇一律的方法，更不能随意翻译，通常而言可以采用以下几种方法。

1. 直译法

直译法按照字面含义进行翻译，是一种保持原文内容与形式的翻译方式。中国很多节日，特别是现代节日，都可采用直译法翻译。例如：

春节　the Spring Festival

国庆节　the National Day

教师节　Teachers' Day

2. 音译注释法

不同民族在历史背景、社会习俗、地理环境、宗教文化、意识形态等方面所存在的差异造就了部分特色词语的独特性，这在无形中增加了翻译难度。尤其是大量的中国民俗节日词语，带有浓重的中国历史、文化特点。在翻译这些文化符号的过程中，我们很难在译入语中找到合适的对应词语来表述。此时有必要采取一定的翻译技巧，减小其理解难度。

以交际翻译理论为指导，若要使译语读者与源语读者获得相似感受，在翻译过程中应将其中所蕴含的中国特有文化尽可能完整地传达给他们。因此翻译这类特色词语时，可以采用音译注释法。这里以"汤圆"为例。首先需要将"汤圆"音译为Tangyuan，音译是为了把源语中的概念意义与文化语境完整地传递到译语，达到意义和文化的传达。但是纯音译并不能清楚地表达原词意义，还需要在音译的基础上进一步加注释，即用保留原词的语音或部分语音，兼顾意义的办法来翻译，而不是一味地按照汉语的字面意思和语序结构，进行生硬的套译或模糊的意译。因此"汤圆"可以采用音译注释法，将其形状及内在寓意以"注"的方式表达出来，从而使译语读者充分了解和体会其中的文化蕴涵及中国的民俗味，最终可以将"汤圆"翻译为Tangyuan。

可见，音译注释法主要适用于民俗节日文化词语在译语中无对应词的情况，主要包括人名、地名以及具有特色的饮食、服饰等方面。当音译注释法不足以清楚表述其文化意象时，我们需要使用其他的翻译技巧加以转化，"阐释翻译法"就是其中之一。

3. 增译

就是在原文信息的基础上增加相关信息，以忠实地传达源语文化。例如：

每年公历（solar year）4月4日或5日的清明节，是中国人传统的扫墓祭祖、哀悼先人的纪念日。每到这一天，人们纷纷来到祖先的墓地，焚化纸钱，拜祭先人。

April the fifth of the solar year is a traditional day for the Chinese people to show respect for their ancestors. On this day, people sweep their ancestors' tombs and burn paper money to wish their ancestors good luck.

在本例中，译文增加了respect，wish their ancestors，good luck等原文字面上没有的信息，它们是文化语境提供的，使译文有效地实现了原文文化信息的传递，获得了原文与译文的等值转换。

4. 阐释翻译策略

交际翻译理论所追求的是使译文读者在阅读译文时得到与原文读者尽可能

相似的感受。要做到"感受相似",在翻译过程中就必须使译语读者充分了解所涉及的源语文化。但由于中国文化的独特性,在译语中往往很难找对应词进行描述。对于节日习俗词语中的文化意蕴,译语读者自然也就很难体会到。因此,有必要对民俗节日文化负载词进行阐释说明,使译语读者加深理解,减少疑惑。

以"桃符"为例,"桃符"即为今天"春联"的前身。在翻译过程中,如果忽略其发展历史,直接按照现在的民俗形式和语义含义将其译为"spring festival couplets",译语读者所接受到的信息就只是如今的"春联"。而且,这样还有可能使译语读者感到困惑,难以区分"桃符"与"春联"。其中所蕴含的浓浓的中国历史文化自然也会大打折扣。因此,译者就有必要追根溯源,将祖辈留存的节日风俗原貌展现给译语读者,使其了解桃树在中国历史文化中的特殊寓意。自古以来,桃树在中国文化中有着深刻的寓意,被认为是"仙木"。因此人们认为桃木有压邪驱鬼的作用。古人在辞旧迎新之际,在桃木板上分别画上"神荼""郁垒"二神的图像,悬挂于门首,意在祈福灭祸。后来为了方便,人们就直接在桃木板上写上"神荼""郁垒"二神的名字。最早的桃符由此而来,在日后发展过程中,由于后人往往把春联贴在桃符上,于是桃符慢慢演变成如今的春联。

从交际翻译理论的视角出发,选择适用的翻译方法就显得尤为重要,而阐释翻译法是一种比较适用的技巧。从某种程度上说,解释性翻译就是把原文中读者所不知道的知识,尽量不在注释中说明而直接融入译文中,"化隐为显"。在上面提及的"桃符"的翻译中,译语读者所不熟知的信息一方面是桃符虽系春联的前身,但是二者并不等同。因此"couplet"就不适合用于对"桃符"的翻译。另一方面就是桃符在中国的文化中的隐含义是其驱邪的功用,而译语读者却不了解桃符的此民俗意蕴。因此可采用阐释翻译法将"桃符"译为"peach wood charms against evil, which are hung on the door"。可见,采用阐释翻译法能够加深译语读者对译文和源语文化的民俗习惯的了解和认识,引起其对中国民俗文化的兴趣,从而达到中国民俗节日文化外传,让中国民俗更好地走向世界,更好地传承发扬中国民俗文化的目的。

第三节　英汉服饰文化对比与翻译

一、英汉服饰文化对比

（一）英汉服饰着装理念对比

英汉民族在着装理念上的差异十分明显。中国的服饰蕴含着浓厚的礼仪道德色彩，因此比较端庄、传统与保守。而西方服饰主要推崇实用性，因此比较开放、随意，可变性较强。

1. 西方的着装理念

西方人强调个性，对个性的推崇体现在服饰上就是强调人的第二特征。男士的服装不仅要将胸部、肩部的宽阔凸显出来，也要凸显腿部的挺拔，这是男性风范的体现。女士的服装要注重隆胸与臀部的扩张，同时收紧腰身，这是女性人体魅力的体现。可见，西方人强调以自我为中心，在服饰上必然会彰显自我、凸显个性。

2. 中国的着装理念

随着中国几千年的发展，儒家、道家理念相融合，成为中国古代哲学思想的主流。具体来说，儒家以礼、德对服饰加以规范。道家则认为，自然是人类最理想的状态，因此服饰也应该与自然相适应，展现出人与自然的和谐相融。在服饰设计上，人们主张对人体加以遮盖，不能炫耀自我，切忌过度地表现个体。另外，服装设计也非常宽松，这样给人以无拘无束之感。

在中国的传统文化中，服装行为规范是作为修身的一项重要内容存在的，而且对人们的着装生活起着重要的作用。可以说，中国服装的遮体是严谨、一丝不苟的代表。

中国人对服饰非常注重，起初并不是为了表现漂亮与舒服，而更多的是为了表现合乎礼仪，即不仅要合乎身份，还要合乎场合。在古代的服饰制度中，对服饰的适用人群、款式、面料等都做了明确的规定。在近代中国，中国国门被打开，引入西方文化，受西方文化的影响，中国人接受中山装，这类服装也具有西式男装的特点。但相较于西服，中山服仍体现着中国人的性格特点，即端庄含蓄、封建保守。

(二) 英汉服饰图案对比

1. 西方的服饰图案

随着历史时期的变化，西方国家的服饰图案也发生相应的变化。

(1) 文艺复兴之前，西方服饰比较偏爱花草图案。

(2) 文艺复兴时期，花卉图案较为流行。

(3) 法国路易十五统治时期，由于受到洛可可装饰风格的影响，"S"形或旋涡形的藤草和轻淡柔和的庭院花草图案颇受欢迎。

(4) 近代以来，野兽派的杜飞花样、利用几何透视原理设计的欧普图案、以星系或宇宙为主题的迪斯科花样和用计算机设计的电子图案较为流行。

2. 中国的服饰图案

中国服饰，无论是民间印花布还是高贵绸缎，都喜欢利用丰富多彩的图案来表达吉祥如意的内涵。例如，人们利用喜鹊登梅、鹤鹿同春、凤穿牡丹等图案来表达对美好生活的向往；龙凤呈祥、龙飞凤舞、九龙戏珠等图案不仅表达了中国人作为"龙的传人"的自豪感，还隐喻了传统的图腾崇拜心理。

(三) 英汉服饰色彩对比

1. 西方服饰色彩

就某一程度来说，一个民族对颜色的喜好是这一民族潜意识的反映。西方国家在罗马时期较为流行的颜色是紫色、白色。其中紫色是财富与高贵的代表；白色是正直与纯洁的代表。

欧洲文艺复兴以来，明亮的色彩被人们推崇，而西班牙则崇尚灰色调与玫瑰红。进入现代，人们更加崇尚颜色的视觉效果，因此他们往往从自己的喜好出发选择颜色，且不会受到等级、地位等因素的影响与制约，呈现开放的个性。

2. 中国服饰色彩

在上古时代，黑色被中国的先人认为是支配万物的天帝色彩。夏、商、周时期天子的冕服往往都选择黑色。后来随着封建集权制度的发展，人们对黑色的崇拜转向黄色的崇拜，因为黄色是大地的颜色，于是形成黄色尊贵的传统。

另外，受阴阳五行学说的影响，中国的传统服饰有青、红、黑、白、黄五色之说，即后来所谓的正色，其他颜色都属于间色。正色往往被统治阶级使用，当然也是民间所追求的颜色。

由于阶级性与等级观念的存在，导致中国服饰色彩鲜明。一方面，某种颜色一旦被统治阶级看重，那么其他普通人必然不能使用，否则就会被杀头。另一方面，这种被统治阶级选中的颜色如果被民间使用了，那么这种颜色就被认为是卑贱的颜色。

（四）英汉服饰款式差异

1. 西方的服饰款式

西方人身材高大挺拔，脸部轮廓明显，因此西方服饰强调服饰的横向感觉，常常通过重叠的花边、庞大的裙撑、膨胀的袖型以及横向扩张的肩部轮廓等来呈现一种向外放射的效果。

此外，西方人大都具有热情奔放的性格，且追求个人奋斗，喜欢展示自己的个性，因此在服装款式的设计上也往往较为夸张。例如，牛仔裤这一最具有代表性的服饰就充分体现出西方人敢于我行我素的性格特征。此外，牛仔裤以靛蓝色粗斜纹布为原料，不仅简单实用，还具有广泛的适应性，男女老少都可以穿，这也体现出西方国家"人人平等"的观念。

2. 中国的服饰款式

中国服饰常采用修长的设计来制造比例上的视错觉。具体来说，筒形的袍裙、过手的长袖以及下垂的线条等都是常用的手法。从魏晋时期男子的衣袖宽大的袍衫、妇女的襦衣长裙，到中唐时期的曳地长裙，再到清代肥大的袖口与下摆，无不体现出中国传统服饰的雍容华贵。

此外，中国人的脸部线条较为柔和，为与之相称，中国服饰的款式常以"平""顺"为特色。

（五）英汉服饰材料对比

1. 西方的服饰材料

亚麻布是西方服饰的主要材料，其主要有以下三个方面的原因。①

（1）西方国家的地理环境适合亚麻的生长，很多国家都盛产亚麻。

（2）亚麻布易于提取，既有凹凸美感又结实耐用，非常适合于日常的生活劳作。

（3）西方国家提倡个人奋斗，多劳多得，亚麻布直接体现了这种实用主义价值观。

2. 中国的服饰材料

中国的服饰材料较为丰富，包括麻、丝、棉等。其中，丝是最具中国特色的服饰材料。丝是一种总称，根据织法、纹理的差异，丝还可以细分为素、

---

① 朱风云，谷亮. 英汉文化与翻译探索［M］. 北京：北京理工大学出版社，2017：91.

缟、绫、纨、绮、锦、纱、绸、罗、缣、绢、缎等，可见中国的制丝工艺已发展到相当高的水平，充分体现出中国人民的智慧。

丝绸质地细腻柔软，可用于多种类型的服装及披风、头巾、水袖等。此外，丝绸具有一种飘逸的美感，穿在身上时可通过人的肢体动作展现出一幅流动的画面，具有独特的动人效果。

二、英汉服饰文化翻译

（一）西方服饰的翻译

1. 直译法

西方服饰文化较为直接，因此常采取直译法来进行翻译。例如：

three-piece suit 三件套

Cashmere 羊毛

需要特别说明的是，这种翻译方式较为直接，通常适用于中西方服饰中带有对应表达的形式。

2. 把握文化空缺词

英汉物质文化的不同导致在词汇表达上的差异，文化空缺词就是其最突出的表现。所谓文化空缺词，即某一民族特有的词汇，可能是在历史长河中逐渐形成的，也可能是该民族独创的。对于这类词的翻译，不是要求按照字面意思来翻译，而是要求将其在原文中的效果传达出来，译出其在原文中的文化内涵。例如，对于帽子，西方就有很多表达。

bowler 常礼帽

stetson 牛仔帽

skull-cap 无檐帽

中国读者对于"礼帽"可能还算熟悉，但是其他的帽子就不熟悉了。再如：

have a green bonnet/wear a green bonnet

对于这个短语，很多人都翻译为"戴绿帽子"，显然是错误的，其含义为"破产"。这就要求在翻译时不能直接按照字面意思翻译，而应该弄清楚其负载的文化内涵。

3. 明确服饰特殊指向

在日常生活中，人们往往对那些与普通人着装不同的特殊人群予以注意，即人们会将注意力集中于那些特色鲜明的服饰上，长此以往，人们就使用一些具有代表性的服装词汇来修饰穿这类衣服的人。例如：

a bass hat 位高权重的人
boiled shirt 拘泥刻板的人
stuffed shirt 爱摆架子的人
white collar 白领阶层

（二）中国服饰的翻译

1. 直译法

直译法是在翻译服饰的时候经常会使用的翻译方法。使用这种方法有一定的条件，只有两种语言中的意思相近或者对应的时候才可采用这种翻译方法。例如：

原来是一个十七八岁极标致的小姑娘，梳着溜油光的头，穿着大红袄儿，白绫裙子。

（曹雪芹《红楼梦》）

A slip of girl of seventeen or eighteen, pretty as a picture, with hair as glossy as oil, wearing a red tunic and a white silk skirt.

（杨宪益、戴乃迭译）

译者将"梳着溜油光的头，穿着大红袄儿，白绫裙子"翻译成 with hair as glossy as oil, wearing a red tunic and a white silk skirt，这种翻译方法就是直译法。这种翻译方法有许多好处，首先便是保留了原来文章中的韵味，然后国外的读者读起来也比较容易理解。

2. 改译法

当译文中的服饰文化词汇不能使读者很好地领会时，可以采用改译的方式。这种改译有助于读者对原文的理解，方便读者对文章的整体把握。[①]例如：

贾母道："倒是做衣裳不好看。"凤姐忙把自己身上穿的一件大红棉纱袄子襟儿拉了出来，问贾母薛姨妈道："看我的这袄儿"。

（曹雪芹《红楼梦》）

"Clothes of this don't look well," said the Lady Dowager. Xifeng promptly showed them the lapel of the red gauze tunic she was wearing, saying, "Look at this tunic of mine".

（杨宪益、戴乃迭译）

在上面的例句中，出现了"棉纱袄"、"袄子襟儿"等带有中国传统文化

---

① 秦初阳，赵仕君. 文化观照下的中西语言及翻译［M］. 长春：吉林人民出版社，2017：219.

色彩的表达词汇。这种衣物在当今社会中已经很难见到，语言中也不经常出现这种表达形式。为了使译入语读者能够理解原文内容，译者采用改译法，将"一件大红棉纱袄子襟儿"改译为了英语中 the lapel of the red gauze tunic。其中，lapel 对应的是"袄子襟儿"，the red gauze tunic 对应的是"大红棉袄"。这样的翻译方式减少了因服饰文化的不同对译文理解的影响。

3. 意译法

当直译的形式无法体现出服饰的全部文化特点时，就需要译者在遵循原文的基础上进行创造性地加工与吸收，从而真正体现服饰翻译的内涵。意译法便是突出词汇内涵的翻译方式。例如：

那男孩子的母亲已有三十开外，穿件半旧的黑纱旗袍，满面劳碌困倦，加上天生的倒挂眉毛，愈觉愁苦可怜。

（钱钟书《围城》）

The toddler's mother, already in her thirties, was wearing an old black chiffon Chinese dress; a face marked by toil and weariness, her slanting downward eyebrows made her look even mole miserable.

（珍妮·凯利、茅国权译）

旗袍为我国典型的服装样式，带有浓厚的中华色彩。在上面的例句中，译者将原文中带有中国特色的服饰"旗袍"翻译为 Chinese dress，虽然这并不是直译，但是译语读者能够在这种意译翻译手法的作用下，在脑海中领会这是一种什么服饰。

4. 解释性翻译

一个民族的服饰特点渗透着一个民族深厚的文化底蕴。在翻译具有丰富文化内涵的服饰时，为帮助译入语读者进行有效的理解，可在译文中进行适当解释。例如：

那时天色已明，看那人时，三十多岁光景，身穿短，脚下八搭麻鞋，面上微有须。

（吴敬梓《儒林外史》第三十九回）

It was light enough now for him to see this fellow: a man in his thirties with a stubbly growth on his chin, who was wearing a short jacket and hempen shoes.

（杨宪益、戴乃选译）

第四节　英汉饮食文化对比与翻译

一、英汉饮食文化对比

(一) 饮食观念比较

1. 西方饮食观念

西方国家对吃是非常重视的，但是在饮食的观念与中国还相差甚远。对于西方人来说，饮食是生存的必要手段，也可以说是一种交际手段。因此，即便食物比较单调，为了生存，他们也会吃下去。

另外，为了更健康地活下去，西方人对于吃的营养非常关心，讲究搭配的营养度，注重食物是否能够被自己吸收。这体现了西方人理性的饮食观念。

2. 中国饮食观念

中国讲究"民以食为天"，因此对于吃是非常看重的，将吃饭作为比天还重要的事情。这在人们生活的方方面面都有所体现。例如，人们见面打招呼都会说"吃了吗?"

中国人注重吃，也非常喜欢吃，因此无论是什么场合，都能找到吃的理由，即婴儿出生要吃饭，过生日要吃饭，升学、毕业要吃饭，结婚也要吃饭等。一个人出了远门要吃饭，叫饯行；一个人归家也要吃饭，叫接风。

除了喜欢吃，中国人还非常注重吃的场合，强调吃的是否美味。对于美味的追求，中国的烹调几乎达到了极致，这也体现了中国食物的独特魅力。中国烹调的美味讲究各种配料、佐料的搭配，只有做到五味调和，才能称为美味的佳肴。这体现了中国感性的饮食观念。

(二) 饮食程序对比

1. 西方饮食程序

西方的饮食强调营养，保持事物的原汁原味，在饮食对象上较为单一，他们吃的目的在于生存与交往，因此他们的烹调程序往往按照一套标准来完成。

相较于中国的菜谱，西方的菜谱整体上更为精确、科学，调料的添加、烹饪的时间都是有规定的，甚至他们厨房中都配有量杯、天平等，这样才能保证食物与配料添加的比例合理。正如肯德基、麦当劳，无论你在世界上任何一个地方吃，都会吃出一个味道，这是因为他们是严格按照世界通用的标准来烹饪的。

2. 中国饮食程序

中国的饮食对象非常广泛，烹饪方式繁多，因此烹饪的规则、程序也并不是唯一的，且富有较大的变化。就比如说"宫保鸡丁"这道菜，在中国不同的地方吃会吃出不同的味道，甚至味道的改变很大。在辅料上，中国的食物往往以"一汤匙""适量"等来描述，这样就导致没有一个统一的标准，不同的师傅做出来的食物在味道上也必然有所差异。

在烹饪程序上，师傅往往会发挥自己的聪明才智，不会严格按照标准来烹饪，因此导致中国的这片土地上产生了很多的菜系。为了追求味道的鲜美与独特，师傅们往往会根据季节、客人等将同一道菜做出不同的味道。

（三）饮食餐具比较

1. 西方饮食餐具

西方人多以金属刀叉为餐具，盛放食物的器皿种类繁多，包括各种杯、盘、碟。西方人用餐比较讲究，不同的食物对应着不同的餐具。他们在用餐时一般左手拿刀、右手拿叉，且餐具的摆放也很有讲究，一般按照刀叉的顺序从外向内依次取用。

西方人使用刀叉切食牛肉的行为曾一度被认为是一种文明程度不高的象征，西方人之所以以刀叉为饮食工具并不是空穴来风，而是有一定的历史渊源的。西方民族多为游牧民族，由于常年需要在外放牧，因此人们身上带一把刀是必需的，既可以当作一种工具，又可以在吃饭的时候作为一种餐具，户外饮食多以烤肉为主，将肉烤熟后割下来直接食用。随着人们生活方式的改变，人们渐渐定居下来，刀叉也逐渐走进了人们的厨房，成了一种日常餐饮工具。现代西方社会的经济发展迅速，人们的生活水平得以提高，其文明发达程度一目了然，显然刀叉作为餐具的习惯已不会更改，这种习惯的保留与刀叉的实用性有关系：西方的刀叉既可以作为切割肉类的工具，又可以作为餐具使用。

2. 中国饮食餐具

中国的饮食餐具以筷子为主，有时也会使用汤匙，饮食餐具还包括一些杯、盘、碗、碟。筷子的使用在我国有很久的历史渊源，先秦时期人们吃饭一般不用筷子，多以手抓的形式来拿取食物。后来由于人们开始将食物进行烤制，这样使不宜用手直接抓食，需要借助于树枝等类似工具的帮助，久而久之人们便逐渐学会使用竹条来夹取食物，这也是筷子最早的雏形。

（四）饮食对象对比

1. 西方饮食对象

以美国为代表的国家主要以畜牧业为主，种植业较少，因此西方的饮食多为肉类或者奶制品，食用少量的谷物。西方的饮食往往是高热量、高脂肪的，但是他们讲究食物的原汁原味，汲取其中的天然营养。西方人的食材虽然富有营养，但是种类较为单一，制作上也非常简单，他们这样吃不是为了享受，而是为了生存与交际。可见，这也是西方理性哲学思维的展现。

2. 中国饮食对象

中国人的饮食与生存环境也有着密切的关系，决定了人们获得的食物资源种类。中国主要以种植业为主，畜牧业占小部分，因此中国人的饮食多为素食，辅以少量肉类。但是，随着中国经济的发展，中国的饮食对象越来越广泛，食物的种类也逐渐增多，烹调方式也五花八门。这些都使得中国人对于吃是乐在其中的，并且不辞辛劳地追求美食的创新，将美食文化发展到极致。

总之，中国的饮食对象是非常广泛的，也是非常感性的，这与哲学上的"和"有着密切的关系，强调人与自然的和谐共处，强调"天人合一"。

二、英汉饮食文化翻译

（一）西方饮食文化翻译

1. 菜肴文化翻译

西方人在烹饪菜肴时注重食物搭配，保证营养，因此与中式菜肴相比，西方菜肴种类较少，菜名也非常直白、简单，往往以国名、地名、原料名等来命名，如丹麦小花卷、牛肉汉堡等。

关于西方菜肴文化的翻译，人们的看法不同，有人认为应该意译，即用中国类似菜品的名字来替代。例如：

sandwich　肉夹馍

Spaghetti　盖浇面

但是，一些人认为这样的翻译是不妥当的，虽然两种食物在外形上相似，但是味道、材料上明显不同，因此这样的翻译是错误的。为了保证翻译的地道，反映西方菜肴的韵味，应该将直译与意译相结合来翻译。例如：

apple pie　苹果派

corn soup　粟米浓汤

vegetable curry　蔬菜咖喱

2. 西方酒名翻译

西方的酒文化有着悠久的历史，随着历史的积淀，西方的酒文化逐渐形成自身的特点。对于酒名的翻译，一般可以采用以下几种翻译方法。

（1）直译法

部分西式酒名采用直译的手法可达到较好的翻译效果。例如：

Crystal Palace　水晶宫

Captain morgan　摩根船长

Canadian Club　加拿大俱乐部

（2）音译法

音译法是指模仿酒名的英文发音而进行汉译的方法。音译法是西方酒名翻译最常使用的方法，且这种译法通常适用于原商标名不带有任何含义的情况。例如：

Bronx　白朗克司

Vodka　伏特加

Whisky　威士忌

（3）意译法

这也是西式酒名翻译中较为常见的一种手法。例如：

Great Wall jade　碧玉长城

Grasshopper　绿色蚱蜢

Amaretto Sour　杏仁酸酒

总体上讲，不论是采用音译法、直译法还是意译法来翻译酒名，译名必须体现西方民族的文化特色，同时也要符合西方民族的审美观念和文化价值，这是酒名翻译的基本原则。

（二）中国饮食文化翻译

1. 直译

直译策略就是按照字面意思用目的语中的对等词语来翻译菜名，并且读者可以明白其基本含义。例如：

板鸭　flat duck

脆皮鱼　crisp fish

2. 直译+意译

有些菜肴的命名采取写实与写意相结合的方法，既可以展示主要原料与烹调方法，又具有一定的艺术性。相应地，翻译时应综合运用直译法与意译法，以更好地体现菜名的寓意。例如：

木须肉　fried pork with scrambled eggs and fungus

炒双冬　fried saute mushrooms and bamboo shoots

3. 转译

中国菜名追求音美，而谐音是常见的实现音美的手段。谐音可以侧重于原料或者词组。译者在翻译此类菜名的时候，需要先了解这道菜的原料以及谐音所涉及的对象，然后采用转译策略。例如：

凤凰玉米羹　corn and egg porridge

这道菜中的"凤凰"是单独指意，"凤"是鸡的意思，"凰"与"鸡黄"的"黄"谐音，因此该词不能直译为 phoenix。

龙虎凤大烩　thick soup of snake, cat and chicken

上面这道菜的原料并非龙，虎、凤，它们是根据蛇、猫、鸡的形状而产生的谐音。所以，这道菜不能译为 thick soup of dragon, tiger and phoenix。

4. 倒译法

倒译法是指翻译时按照英语的结构特点将汉语的词序完全倒置的方法。例如：

八宝酿鸭　duck stuffed with eight delicacies

芙蓉海参　sea cucumbers with egg white

第七章　英汉生态文化对比与翻译

在人类社会的发展过程中，动物、植物、山水等生态文化始终与人们的生活息息相关。而由于各个民族的历史、地理文化等的不同，人们对生态文化所产生的情感态度也不尽相同，这就需要在翻译过程中格外注意。本章就以动植物文化和山水、东西风文化为例，探讨英汉生态文化的对比及其翻译。

第一节　英汉动物文化对比与翻译

一、英汉动物文化对比

这里主要从以下三个方面进行英汉动物文化的对比。

（一）相同动物词汇表示相似的文化内涵

英汉民族属于不同的文明体系，英语民族属于海洋文明，我国属于黄土文明，英语民族崇拜上帝，倡导"天人相分"，我国尊重孔子，崇尚"天人合一"。但是，人们都在同一个星球上生活，都面临江河湖海大自然现象，目睹日出日落，季节交替，因此或多或少会产生一些趋同的认知。基于这些趋同性，导致英汉语言中的动物词汇出现词义重叠的情况，即所谓的词汇对应。简单来说，就是一些相同的动物有着相同或相近的内涵。

1. pig—猪

在中国传统文化中，猪是"馋""懒""笨"的象征，究其原因，主要是因其肥胖的形象及其贪吃、贪睡的习性所致。而由此也衍生出了很多表达，这些词语大多是贬义的。例如，"懒得像猪""肥得像猪""笨得像猪""猪狗不如""辽东之猪""泥猪瓦狗"等。

当然，猪在中国文化中也有厚、可爱的形象。例如，中国民间有"金猪"

一说，很多存钱罐惯以猪的形象制作。在我国四大名著之一的《西游记》中，猪八戒受到很多观众的喜爱。而红极一时的电视剧《春光灿烂猪八戒》中也塑造了一个憨厚、可爱的猪八戒形象。

在西方文化中，pig 的文化内涵与中国的"猪"基本相同：肮脏贪婪、行为恶劣。因此，与猪有关的说法经常带有贬义色彩。例如：

pig it　住在肮脏的环境里

make a pig's ear out of something　弄得一团糟

This place is a pig sty.

这地方又脏又乱，跟猪圈一样。

You mean you've eaten all three pieces of cake? You greedy pig!

你是说你把三块蛋糕全吃完了？你真是头贪吃的猪！

此外，在英语文化中，pig 还可以作为一个中性词出现。例如：

make a pig of oneself　吃得太多

teach a pig to play on a flute　教猪吹笛；做不可能实现的事

bring one's pigs to the wrong market　卖得吃亏

buy a pig in a poke　未见实物就买了

pigs might fly　异想天开，无稽之谈

pig in the middle　两头为难，左右不是

2. snake—蛇

（1）蛇在汉语文化中的内涵。在传统中国文化中，蛇是一种毁誉参半的形象。作为汉文化图腾崇拜——龙最初的原始形象，蛇无疑具有一种积极的含义。在中国神话传说《白蛇传》中，蛇是一种极具同情心、敢于追求美好生活的动物生灵，但是在传统的中国文化中，人们更倾向于把蛇与恶毒、邪恶、较滑、猜疑等联系起来，如汉语中有"地头蛇""美女蛇""毒如蛇蝎""人心不足蛇吞象"等说法。此外，在汉文化中，蛇又是一种令人捉摸不定的物种，所以汉语中的蛇也是众多性情的代名词。

（2）snake 在英语文化中的内涵。因为毒蛇常置人于死地，于是蛇成为魔鬼与邪恶的象征，在英语中的含义也多为负面的。例如：

asnake in the bosom　恩将仇报的人

asnake in the grass　潜伏的敌人，潜伏的危险

warm（cherish）a snake in one's bosom　姑息坏人，养虎遗患

此外，蛇在英语中单独使用时还可以用来指阴险冷酷的人或叛逆不忠的人。可见，英语中的蛇有着与汉语中相近的含义，但是汉语中的蛇更具有双面性的联想意义。

3. fox—狐狸

在汉语文化中，狐狸通常象征着狡诈、生性多疑。例如，"狐假虎威"
"满腹狐疑""狐疑不决"。

在英语中，fox 也常常含有狡诈、诡计多端的含义。例如：

As sly as a fox　像狐狸一样狡滑

play the fox　行为狡滑

an old fox is not easily snared　老狐狸不会轻易被捉住

4. peacock—孔雀

孔雀有十分美丽的外表，尤其是在开屏的时候，鲜艳夺目、五颜六色。正
因如此，在中西方文化中，孔雀有骄傲、虚荣、炫耀、扬扬得意的含义。例
如，as proud as a peacock（像孔雀那样骄傲）。不过，在汉语中孔雀还象征着
吉祥、好运。

5. ass—驴

在汉语中，驴通常用来形容人比较"笨、愚"，如有"笨驴"的说法。在
英语中，an ass 也表示 a foolish person，即"傻瓜"。可见，ass 和驴的文化内
涵基本是一致的。

除了上述介绍的几种动物词汇的文化内涵相同外，还有一些英汉动物词汇
的文化内涵也是相同或相似的。例如：

as black as a crow　像乌鸦一样黑

as busy as a bee　像蜜蜂一样忙

as free as a bird　像鸟儿一样自由

as slow as an ail　像蜗牛一样慢

(二) 同一动物具有不同的内涵

英汉两种语言中也存在一种动物的概念意义完全相同，但文化内涵明显存
在差异的情况，且这一种情况较多，也是最值得注意的地方。这是因为，英汉
两个民族生活的文化背景存在差异，自然而然地对同一动物会产生不同的联
想，进而就赋予了不同的意义与文化内涵。

1. dragon—龙

英语中的 dragon 与汉语中的龙的文化内涵存在明显的差异，这是最为典
型的例子。在西方的神话传说中，dragon 是一种有如巨大蜥蜴、长有翅膀、身
上有鳞、具有长蛇尾、能够喷火的动物，是邪恶的代表。甚至，dragon 被西方
人认为是凶残的，应该被消灭，这在很多的古代神话人物事迹中可以体现出
来，很多英雄都会去剿灭这种怪物，且最后以怪物被杀作为结局。现实中，有

很多与 dragon 相关的贬义说法。例如：

the great dragon 恶魔撒旦的称呼

to sow dragon's teeth 播下了不和的种子

而相比之下，中国人眼中的"龙"是一个图腾的形象。在中国的古代传说中，龙能够降雨，能够上天入地，集合了多种动物的本领。中国人赋予龙吉祥的象征，并自认为是"龙的传人"且对此感到非常的自豪。在中国几千年的历史中，龙的地位一直非常高大，并作为封建皇权的一种象征，如"真龙天子""龙袍""龙脉"就是典型的代表。

中华民族推崇龙的英勇不屈的精神，也正是基于这一精神，中华民族力图将其发扬光大，形成一种不屈不挠的精神观念，构成中华民族的一种道德规范。因此，在汉语中与"龙"相关的成语有很多。例如：画龙点睛、生龙活虎、龙腾虎跃等。

另外，很多人也期待自己的孩子能够成为人中龙凤，因此在起名的时候也多用龙，如"贺龙""李小龙"等。

2. dog—狗

西方人与中国人都有养狗的习惯，但是两者对狗的看法和态度截然不同。

（1）狗在汉语文化中的内涵。中国人从民族感情、文化传统、思维方式上对狗并不像西方人对狗那样亲近。狗在汉语文化中是一种卑微的动物。汉语中凡是同"狗"连在一起的成语、词组大都表示贬义。例如"狗仗人势""偷鸡摸狗""猪狗不如""狼心狗肺""狐朋狗友""狗嘴里吐不出象牙""狗咬吕洞宾""狗头军师""狗尾续貂""狗眼看人低""狗急跳墙""丧家之犬""狗血喷头""鸡鸣狗盗"等，它们基本都是含有贬义、辱骂性质的词语。[①]

当然，随着我国人民生活水平的提高，人们在物质上得到了满足，开始有了精神需求，于是养狗的人数大大增加，给狗看病的医院也十分常见。现如今，狗也逐渐成为很多城市人生活中不可缺少的一部分。

（2）dog 在英语文化中的内涵。在西方，dog 主要是一种爱畜、宠物，尤其对英国人而言，dog 既可以帮助人们打猎、看门，也可以作为宠物或伴侣。在西方国家，dog 通常被看作是人们的保护者和忠实的朋友，甚至被视为人们家庭中的一员，因而 dog 常常被称为 she（她）或 he（他）。可见，"狗"在西方文化中的形象比较积极、正面。正因如此，在英语中以"狗"作为喻体的词语多数含有褒义。西方人用 dog 指人时，其意思相当于 fellow，不仅没有贬义还略带褒义，使语气诙谐风趣。例如：

---

① 朱风云，谷亮. 英汉文化与翻译探索［M］. 北京：北京理工大学出版社，2017：143.

a lucky dog 幸运儿

a jolly dog 快活的人

top dog 重要人物

英语中的 dog 一词除了含有褒义之外，还有中性的含义，如 dog eat dog（残酷竞争）。当然，在英语中，也有少数与 dog 有关的习语也表示贬义。例如：

a dirty dog 坏蛋

a lazy dog 懒汉

a dog in the manger 占着茅坑不拉屎的人

a dead dog 毫无价值的东西

但总体而言，dog 在西方文化中褒义的成分居多。

由此可见，英汉语言中"狗"的文化内涵有很大区别，在翻译过程中要多加注意。

3. cock—鸡

（1）鸡在汉语文化中的内涵。在中国文化中，雄鸡破晓而啼预示着一天的开始，象征着勤奋、努力和光明的前途。例如，《孟子·尽心上》有云，"鸡鸣而起，孳孳为善者，舜之徒"，意思是"鸡一叫就起身，孜孜不倦地行善的，是舜这类人"，这是孟子对行善者勤勉、德行的赞美。而毛泽东的《浣溪沙·和柳亚子先生》中则有"一唱雄鸡天下白，万方乐奏有于阗，诗人兴会更无前"的诗句，表现了新中国朗朗乾坤的气象。

鸡还有武勇之德。传说中，鸡鸣日出，带来光明，因此鸡被认为可以驱逐妖魔鬼怪，也成为画家画中的辟邪镇妖之物。也正因如此，斗鸡在我国民间久盛不衰，斗鸡甚至被用到军队中以鼓舞士气。可见，雄鸡作为善斗的勇士，其英姿气魄被人们所称颂。

另外，由于"鸡"与"吉"谐音，鸡在中国也常有吉祥之意。例如，我国电影界有一个著名的奖项就是"金鸡奖"；市场上也有一些与鸡有关的品牌，如"金鸡牌"闹钟、"金鸡牌"鞋油、"大公鸡"香烟等；而部分民间地区更有在隆重仪式上宰杀大红公鸡和喝鸡血酒的习俗。随着时代的变化，"鸡"字在今天又被赋予了一个极不光彩的含义，即提供性服务的女性，这也是由于"鸡"和"妓"谐音所造成的。

（2）cock 在英语文化中的内涵。在英语中，cock 也有着丰富的文化内涵，这主要体现在以下几个方面。

①具有好斗、自负的含义，这主要与公鸡的习性有很大关系。英语中常用 cock 来描绘人好斗、自负的行为。例如：

I've never heard such cock in my life.

我一生从未听说过这样的胡说八道。

The jury did not believe the witness cock and bull story.

陪审团不相信证人的无稽之谈。

He's been cock of the office since our boss went back to America.

自从我们老板回了美国以后，他就一直在办公室里称王称霸。

②具有迎宾的含义。在英国的一些小酒馆里，人们经常可以看到 cock and pie 的字样。这里的 cock 就有翘首以待来客的含义。

4. cat—猫

（1）猫在汉语文化中的内涵。在汉语文化中，猫的天职是捕鼠，昼伏夜出，主动出击，从不偷懒，满足了人们除鼠保粮的愿望。因此，猫在汉语文化中的形象通常是温顺可爱的，带有褒义。例如，形容某人嘴馋会说"馋猫一只"；称小孩嘴馋为"小馋猫"或称某人懒为"大懒猫"等。当然，汉语中也有一些对"猫"不大好的说法，如"猫哭耗子假慈悲"等。

总体来看，汉语中关于"猫"的负面联想比较少，与"猫"有关的词语也相对较少。这是因为，中国长期处于封建农业社会，城市发展时期很短，而猫作为一种城市化动物，在汉语词语中的活跃程度也比较低。

（2）cat 在英语文化中的内涵。cat 在英语中是一个非常活跃的词，与它相关的说法很多。究其原因，cat 在西方是一种城市动物。在西方文化中，cat（猫）有着各种 pussycat，称呼小猫则用 kitty，kitten；land like a cat 表示安然脱离困境，带有褒义。而 cat 所含有的贬义也是显而易见的。例如，魔鬼撒旦常化身为黑猫游荡，女巫身边也有黑猫陪伴。美国人则认为，当在走路时如果前面跑过一只猫，就是不吉祥的征兆。当然，cat 在英语中也有一些带有中性含义的表达。下面就列举一些有关 cat 的说法。

a cat nap　打盹

rain cats and dogs　下倾盆大雨

that cat won't jump　这一手行不通

have not a cat in hell's chance　毫无机会

a barber's cat　面带病容和饥饿的人

old cat　脾气坏的老太婆

（三）不同动物词汇表示相同的文化内涵

1. tiger，lion—老虎、狮子

在汉语文化中，虎是"山兽之君""百兽之王"，是英勇大胆、健壮有力、坚决果断、威猛勇武的象征。中国人常借虎以助威和驱邪，保佑安宁。传说中老虎还是神仙和道人的坐骑，道教首领张天师就是乘坐猛虎出行。因此，虎的勇猛形象自然就成为英勇作战的将士们的象征，故汉语里有"虎将""虎士""将门虎子"之称，成语表达则有"猛虎下山""如虎添翼""虎踞龙盘""虎胆雄威""虎背熊腰""虎虎有生气""九牛二虎之力"等。不过，人们在尊虎为"百兽之王"的同时，也对虎的凶残毫不掩饰，如"虎穴""虎口牙""拦路虎""虎视眈眈"等词。

在西方文化中，百兽之王不是虎（tiger）而是狮子（lion）。在英语中，lion 是勇敢、凶猛、威严的象征。英国国王 King Richard 曾由于勇敢过人而被人称为 the Lion—Heart；而英国人则以 lion 为自己国家的象征。

可见，英语中 lion 的文化内涵与汉语中老虎的文化内涵是相似的。因此，在对有关 lion 或老虎的词语进行翻译时要注意做相关调整，例如，虎将（brave general），虎胆英雄（hero as brave as a lion），虎背熊腰（of strong build），虎威（powers of general），as brave as a lion（勇猛如狮），fight like a lion（勇敢地战斗），great lion（名人，名流），make a lion of（捧红某人）。

2. bull—牛

古代中国是农耕社会，牛是农业生产劳动中最重要的畜力，这种密切的联系使人们常常把牛当作喻体来形容人的品质。因此，在中国文化中牛是勤劳、坚韧、任劳任怨的象征，汉语中有"牛劲""牛脾气""牛角尖""牛头不对马嘴"等词语。

而在西方文化中，牛主要是用来做祭祀的一种动物。在西方的许多宗教活动中，祭牛是一种主要的仪式，献祭的牛被看作是人间派往天国的使者；同时，在西方文化中，牛也是能忍受劳苦、任劳任怨的化身。例如，as patient as an ox（像牛一样具有耐力）。此外，a bull in china（闯进瓷器店里的公牛）用来形容举止粗鲁、行为莽撞、动辄惹祸、招惹麻烦的人。但是，由于英国气候湿润凉爽，不利农耕但适宜畜牧，所以牛的主要用途就是奶和肉。

正因如此，在西方国家牛没有得到像在中国一样的重视。相反，牛在中国所得到的厚爱在英国却主要落到了马的身上。这是因为在英国历史上人们打仗、运输和体育运动都离不开马，马也以其力量和速度受到西方国家人们的喜爱。因此，在表达同一意思时，汉语中的"牛"往往和英语中的 horse 相对应。例如：

牛饮　drink like a horse

吹牛　talk horse

力大如牛　as strong as a horse

饭量大如牛 eat like a horse

二、英汉动物文化翻译

（一）直译

当英汉动物词语表示的事物、人物、形象、品质相同或相似时，译者应采用直译法，尽可能地保留原文的动物形象。例如：

a wolf in sheep's clothing 披着羊皮的狼

A bird is known by its not, and a man by his talk.

听音知鸟，闻言识人。

Don't make yourself a mouse, or the cat will eat you.

不要把自己当老鼠，否则肯定被猫吃。

barking dogs do not bite 吠犬不咬人

A rat crossing the street is chased by all.

过街老鼠，人人喊打。

（二）意译

如果直译不行，译者可以试着放弃原文的动物形象，直接将原文含义翻译出来，即意译。例如：

talk horse 吹牛

like a duck in a thunder storm 惊慌失措

top dog 最重要的人物

hungry dog will eat dirty pudding 饥不择食

Dog does not eat dog.

同类不相残。

He is as poor as a church mouse.

他一贫如洗。

Last night, I heard him driving his pigs to market.

昨夜，我听见他鼻声如雷。

（三）套译

当原文中的动物词汇与目的语对应词汇的文化内涵不同时，可以用目的语中具有相同文化内涵的其他动物词汇进行翻译，即套译。[①] 例如：

It had been raining all day and I came home like a drowned rat.

终日下雨，我到家时浑身湿得像一只落汤鸡。

Don't believe him, he often talks horse.

不要信他，他常吹牛。

Better be the head of a dog than the tail of a lion.

宁为鸡口，无为牛后。

第二节　英汉植物文化对比与翻译

一、英汉植物文化对比

（一）apricot—杏

在英语文化中，"apricot"寓意并不丰富，其通常指代"杏""杏树"和"杏花"。在中国古代民间，人们往往用杏林与医生世家作比，这主要源自三国时期，一位著名的医者治病不花钱的故事，只要求治愈的病人为他种植一棵杏树。多年之后，杏树达到数万株，逐渐形成杏林。因此，后人称颂医家时往往会用"誉满杏林""杏林春满"等词语。

此外，在汉语文化中，杏的象征意义十分丰富。杏花妖媚、妖艳，代表着春意。杏的联想意义在汉语诗词中也十分常见。例如，"春色满园关不住，一枝红杏出墙来""一段好春藏不住，粉墙斜露杏花梢"就是很好的诠释。

（二）laurel—桂树

在英汉语言中"laurel"与"桂树"都代表殊荣、荣誉。英语中的"laurel"源于"laurus"这一拉丁语。据说，古希腊、古罗马人用桂树枝叶编成冠冕，授予英雄或者体育、音乐等竞赛的获胜者，后来成为欧洲的一种习俗。汉语中也是如此，古代的乡试于农历八月举行，这时候正好是桂花开放的时节，因此将考中的考生称为"折桂"；登科及第的人则称为"桂客""桂枝郎"。

除了上面的寓意外，汉语中的桂树往往与神仙联系在一起。在众多的神话

---

① 于晓红. 翻译研究的二维透视 [M]. 徐州：中国矿业大学出版社，2018：171.

传说中，桂花树是长生不老的仙树。"月桂"的传说已经有悠久的历史。在文人墨客的笔下，桂花被称为"木花"，代表超凡脱俗的气质与品格。

（三）thorn——荆棘

英汉语中的"thorn（荆棘）"都有着困难、障碍的意思。英语中的"But our situation is full of thorns."（但是，我们的处境充满了荆棘）就是典型的代表。汉语中也有"披荆斩棘"的说法，比喻扫清各种障碍与困难，用于指代奋勇向前、不畏艰险的性格。

除了这一层含义外，汉语中的荆棘还可以指代道歉赔礼。最有名的例子就是廉颇、蔺相如的故事。战国时期，廉颇、蔺相如同朝为官，蔺相如因为功劳大，被封为"上卿"，官居于廉颇之上，廉颇不服气，想要侮辱蔺相如，蔺相如为了国家的利益，不与之计较，后来廉颇明白了实情，负荆请罪。

（四）rose——玫瑰

玫瑰在西方是一种极为常见的花。玫瑰花的美丽与色彩使其成为语言中比喻的对象。具体来说，玫瑰在英语文化中主要有四种象征意义。首先，玫瑰象征着美丽与爱情。其次，玫瑰还象征着健康、温和、欢乐、顺利、乐观等。如treat with rose（用温和的办法对待），come up roses（指事情发生顺利、成功），there is no rose without a thorn（没有十全十美的事）等。再次，玫瑰还象征王朝。在英国历史上，英格兰兰开斯特王朝曾用红玫瑰作为其王朝的象征标志，而约克王朝则选用白玫瑰作为其标志。于是人们将这两个王朝之间所爆发的战争被称为为玫瑰之战。最后，玫瑰也象征着安静、私下、秘密。对于这一点有多种解释，一般认为这是欧洲地区一种由来已久的风俗。从古罗马神话一直到近代，人们用玫瑰的图案来表示保持沉默、保守秘密的含义。通常，餐桌上和会议厅天花板上所雕刻的玫瑰花图案提示人们这里的谈话不得外露。

在中国，"玫瑰"又名"月季"，与其在西方的地位相比，中国人对它并没有太多的怜爱。即便如此，玫瑰还是以美丽的外表、迷人的香味得到了一些诗人、作家的欣赏。例如，《红楼梦》中写道："三姑娘的浑名儿叫'玫瑰花儿'，又红又香，无人不爱，只是有刺扎手……""送人玫瑰，手留余香"喻指"为别人提供方便，自己也能留下好名声"。

随着时代的发展、中西方文化的融合，"玫瑰"在汉语中也开始象征爱情。

（五）bamboo——竹子

英语中的bamboo一词几乎没有什么特殊的联想意义，甚至该词本身也是从其他语言中借用过来的。这是因为竹子主要生长在亚洲热带地区，所以西方人对其不是太熟悉，对他们来说只是一种植物的名称，并不能引起丰富联想。

在中国古代，人们用竹子作为书写记载的工具，如竹简。竹简对中国文字记录做出了巨大贡献。另外，竹子还被用来表示人的品格。例如，竹子空心代表虚怀若谷的品格；竹子不畏霜雪、四季常青，象征着顽强的生命和青春永驻；竹子的枝弯而不折，是柔中有刚的做人原则；竹子生而有节、竹节毕露则象征着高风亮节；而竹子亭亭玉立、婆娑有致的洒脱风采也为人们所欣赏。

（六）laurel—桂树

在西方，laurel 一般象征着吉祥、美好、荣誉、骄傲。过去，英美国家的人喜欢用桂枝编成花环戴在勇士的头上，象征荣誉和成功。[①] 之后，人们将那些取得杰出成就的诗人称为 poet laureate（桂冠诗人）。可见，西方文化中的 laurel 与荣誉有着紧密的联系。

中国文化中的桂树也常象征荣誉。我国古代学子若是考中了状元便称"蟾宫折桂，独占鳌头"。历代文人也常用"折桂"一词来喻指科举及第。直到今天，人们也常会用"折桂"来喻指在考试、比赛中夺得第一名。

（七）plum—梅

梅花（plum）在中西方文化中的内涵也有很大差异。

在英语文化中，与"梅"相对应的词语 plum 既指"梅树"或"李树"，又指"梅花"或者"李子"。在基督教文化中，梅树表示"忠诚"；在英国俚语、美国俚语中，plum 表示"奖品、奖赏"。现在，plum 则成为美国国会常用的委婉语。例如：

A congressman or senator may give a loyal aide or campaigner a Plum.

国会议员会给重视的助手和竞选者这个有好处、有声望的政治职位，作为对其所做贡献的回报。

梅花原产于中国，可以追溯到殷商之时。因它开于寒冬时节、百花之先，所以在中国文化中象征着坚毅、高洁的品格，为我国古代的历代文人所钟爱，很多诗词歌赋都以咏梅为主题。[②] 此外，梅花还象征着友情，成为传递友情的工具，享有"驿使"的美称，而"梅驿"成了驿所的雅称，"梅花约"则是指与好友的约会。例如，在王安石的《梅花》"驿使何时发，凭君寄一枝"中

① 阮榕榕. 中外文化翻译教学与实践研究［M］. 长春：吉林人民出版社，2019：144.
② 李雯，吴丹，付瑶. 跨文化视阈中的英汉翻译研究［M］. 长沙：湖南师范大学出版社，2018：148.

的梅花便成为传达友情的信物。总之，梅花在中国文化中有着崇高的地位，是高洁、傲骨的象征，象征着中华民族典型的民族精神。

（八）Willow—柳

在英语文化中，willow 的含义远没有汉语这么丰富，英语中的"柳"常用于表示"死亡"和"失恋"等。例如，wear the willow 的意思是"服丧、戴孝"，用于悼念死去的爱人等。"柳"还可以用于驱邪，西方复活节前的星期日常用杨柳来祈福，以驱赶邪恶。

在汉语文化中，柳树自古以来就受我国文人墨客的喜爱，在中国的古诗句中很多诗人使用柳来表达自己的内心情感。柳在中国文化中表达的是依依惜别的情感，柳（liu）的读音与"留"接近，因此人们常用柳来表示"挽留"的含义。[①] 在古汉语诗歌中，柳的使用很频繁。例如：

瀛桥在长安东，跨水作桥，汉人送客至此桥，折柳赠别。

清江一曲柳千条，二十年前旧板桥。曾与美人桥上别，恨无消息到今朝。

此外，汉语中的柳不仅用于表达送别，还用来表达其他含义。"柳"在古代常与娼妓等联系在一起，"花柳"为妓院的别称，因此有了相关的词，如"寻花问柳、残花败柳、花柳之巷"等。

二、英汉植物文化翻译

（一）直译：保留形象

如果某一种植物词汇在英汉语言中具有相同文化内涵，或者文化内涵大致相同，即源语中的植物词汇在译入语中可以找到相同或相似的对应植物的形象时，我们就可以采取保留植物形象直译的方法。使用直译的方法不仅能够保留源语的文化特征，传递原文的风格，再现原文的神韵，而且能够使译文生动活泼，并且增进英汉文化的交流，丰富译文的语言。例如：

laurel wreath　桂冠

peachy cheeks　桃腮

Oak may bend but will not break.

橡树会弯不会断。

---

① 李雯，吴丹，付瑶. 跨文化视阈中的英汉翻译研究［M］. 长沙：湖南师范大学出版社，2018：148.

(二) 意译：舍弃形象

在翻译植物词汇时，我们可以舍弃源语中的植物形象进行意译，即抛弃原文的表达形式而只译出原文的联想意义。例如：

harass the cherries　骚扰新兵

He is practically off his onion about her.

他对她简直是神魂颠倒。

(三) 直译加注释

在翻译植物词汇时，有时候为了保留原文的异域风味，丰富民族语言，便于译入语的读者理解，我们会使用直译加注释法进行翻译，即在翻译原文的植物词汇时保留原文的植物形象，同时阐释其文化意义。例如：

as like as two peas in pot 锅里的两粒豆（一模一样）

A rolling stone gathers no moss.

滚石不生苔（改行不聚财）。

The proof of the pudding is in the eating.

欲知布丁味道如何，只有吃上一吃（空谈不如实践）。

While it may seem to be painting the lily, I should like to add some—thing to your beautiful drawing.

我想给你漂亮的画上稍加几笔，尽管这也许是为百合花上色，费力不讨好。

(四) 转换形象翻译

植物词汇一般具有两层含义：一层是字面意义；另一层是由其引申而来的文化联想含义。字面意义相同的植物词汇，其文化联想含义可能不一致，而字面意义不同的植物词汇，其文化联想含义可能一致。而一种语言一旦被翻译为另一种语言，译入语的读者就会按照自己民族的文化传统来解读植物词汇所具有的文化内涵。因此，当一种植物在英汉语中所具有的文化内涵不一样的时候，译者在翻译植物词汇时就不得不考虑两种语言的文化差异、译入语的文化传统以及译入语读者的习惯，并据此调整植物词汇在译入语中的表达方式。例如：

as red as arose　艳若桃李

spring up like mushrooms　雨后春笋

potatoes and roses　粗茶淡饭

Oaks may fall when reeds stand the storm.

疾风知劲草。

（五）引申阐发译

对于一些特殊的表达，在翻译过程中，为了更加准确地表达原文含义，译者可以根据上下文以及逻辑关系，对原文中植物词汇的内涵进行引申。[①] 此外，有时还需要进行解释，以保证译文的流畅自然。例如：

Every weekend his father goes of golfing he is tired of being a grass window.

爸爸每个周末都出去打高尔夫球，他已经厌倦透了这种爸爸不在家的日子。

第三节　英汉自然文化对比与翻译

一、英汉自然文化对比

（一）英汉山文化对比

1. 英语中的山文化

相较于中国山文化的丰富，西方的山文化仅作为一种自然现象出现，是客观的。关于山的描写，西方的文章中也并不常见。这主要是因为，在西方人眼中，自然与人二分，且主张人定胜天，因此带有浓重的抽象思维与客观思维。基于这一点，西方人对山的欣赏仅限于客观层面。

（1）表示"地面形成的高耸部分"。例如：

mountain areas　山区

mountain top　山顶

mountain ridge　山岭

（2）表示"许多、大量"。例如：

a mountain of work　堆成山的工作

grain mountain　堆成山的谷物

（3）比喻"费力，任务艰难"。例如：

English is his mountain.

英语是他的高山。

上述例句将"英语"比作"高山"，比喻要学好英语，必须费劲艰辛。

---

① 朱风云，谷亮. 英汉文化与翻译探索［M］. 北京：北京理工大学出版社，2017：157.

可以看出，在西方文化中，mountain 并没有被赋予很多的象征意义，也没有汉语中"山"的文化义项。就英国而言，山只是一种自然现象，而且英国四面环海，在英国的经济发展过程中，人们更多地依赖于海，所以形成的文化是典型的"海洋文化"。

2. 汉语中的山文化

（1）传达情感

对于山文化，从古至今很多文人墨客通过文学来呈现，而文学即人学，人学最集中的体现在于传达情感。因此，文人墨客眼中的山文化就成了传达情感的必需品，有些人用山来表达喜悦，有些人用山来表达思念，有些人则用山来表达一种宁静的心态。例如：

山中咸可悦。赏逐四时移。

上面这句话出自沈约的《游钟山诗应西阳王教》，通过前文可以看出是人觉得登高才能看到美丽的景色，从而让内心产生审美愉悦的感觉。

山文化的多样性不仅仅指的是组合形式的多样，还指的是山文化意蕴的多样性。也就是说，意蕴并不是单一的，而是不断变化的，甚至呈现多层次性。例如，山与松结合，既可以呈现神仙世界的浪漫，也可以表达坚贞不屈的性格。再如，同一座山，不同的诗人会选择与不同的意象结合，有的习惯与风，有的习惯与鸟，有的习惯与隐士等，这些组合的意象不同，代表山的意蕴也会不一样。例如李涉的《题鹤林寺僧舍》一诗中，作者将"山"与"僧""竹院"结合在一起，使得"山"显得更为优雅、清凉，其与诗人最开始"终日昏昏醉梦间"的意境恰好是相反的。运用"山"的这一清幽意象，让诗人清醒一番，让他从凡尘俗世中解放出来。

（2）意象传承

对于意象的传承，这一点是非常容易理解的。众所周知，人们共有的情感类型即喜怒哀乐，而对于某事的观点、看法等，如大部分人都认同人应当保持正直，这甚至成为人们的共识，不轻易对这一观点进行改变。因此，传承性就在这之中体现出来。

另外，很多人都会忽略一个重要的层面，即山的传承性与其对应的自然界原型的物理特征紧密相关。正如人们所知道的常识，山是千百年来不容易改变的物体，即始终在一个地方固定，即便出现板块位移，其具体位置可能会发生些许变化，但是总体上仍旧不变。同时，山所蕴含的特征，如高大、树木繁茂等也不会发生改变。例如李白的《独坐敬亭山》。

实际上，在李白写这首诗之前，谢朓就已经写过类似的，即"兹山亘百里，合沓与云齐。隐沦既已托，灵异俱然栖。……"表达出两位作者对敬亭山的美的赞扬，并凸显其具有灵性，如同人与山对面而坐，互相观赏。

（二）英汉水文化对比

水可以代表着多个意境，可能是清澈的水，可能是拍岸的水，可能是无声的水。对于水的描述，中西方文化中有着不同的观点。下面就对英汉水文化进行对比与分析。

1. 英语中的水文化

以英国为例，英国是一个岛国，东临北海，西靠大西洋，南抵英吉利海峡与欧洲大陆隔海相望。如此的地理环境，使其形成了发达的海洋渔业文明。早期的英国人为了生存，必须与气候恶劣的海洋环境抗争。这种与海洋抗争的过程使英国人形成了一种探索自然、征服自然的民族性格。由此，"海"在英语表达中就有了探索、征服自然的文化象征意义。作为"海上民族"的西方人对海十分眷恋，也正是由于对海的眷恋，所以从中获得了许多的人生感悟。例如：

all plain/smooth sailing　一帆风顺

be（all）at sea　在海上，航海中；茫然的，迷惑的

high water mark of　全盛时期，最高峰

Any one can hold the helm when the sea is calm.

在风平浪静的大海上人人都可以掌舵。

2. 汉语中的水文化

如果西方文明是一种海洋文明，那么中华文明则是一种大河文明。水总能引起中国人丰富的联想，也被中国人赋予了丰富的文化含义，具体体现在以下几个方面。

（1）比喻离别。古人一般会临江作诗送别亲人、朋友，表达对亲人、朋友即将远行的离别愁绪。例如：

梳洗罢，

独倚望江楼。

过尽千帆皆不是，

斜晖脉脉水悠悠，

肠断白苹洲。

在这首诗中，悠悠流水中倒映着余晖，映射出妇人期待丈夫归来的寂寞情感。

（2）比喻剪不断的愁绪。古代的诗人有着兼济天下的抱负和理想，但是在现实中往往遭遇坎坷，人生不得志，一生穷困潦倒。而流水的潺潺恰好能够

形容这种心情挥之不去。例如：

问君能有几多愁，恰似一江春水向东流。

这句话恰好表达了这一心情，表达了南唐后主李煜的亡国之愁。

（3）宪政一去不返的时光。流水一去不复返，比喻人生易逝，比较短暂。例如：

君不见，黄河之水天上来，奔流到海不复回。

君不见，高堂明镜悲白发，朝如青丝暮成雪。

黄河之水从天而降，奔向大海，不再回还，人生也如同大海奔流一样，如此短暂，朝朝暮暮之间就满头白发。形容一个人的青春短暂，一去不复返。

（4）象征爱情。水连绵悠长，好似爱情之地久天长，因此人们常用水来象征爱情。例如：

关关雎鸠，在河之洲；窈窕淑女，君子好逑。

（三）英汉"东风""西风"文化对比

虽然汉语中的"东风""西风"与英语中的 east wind，west wind 所指事物完全相对应，但所承载的文化内涵却完全不同。

1. "东风""西风"在汉语文化中的内涵

在汉语文化中，"风"的喻义往往是东佳西劣，因此"东风"多喻指好的东西，而"西风"则相反，多喻指不好的东西。

具体来说，"东风"在汉语中多指"春风"，象征着"春天"和"温暖"。自古以来，中国人就对东风情有独钟，这可以从很多文人的诗句或文学作品中反映出来。

例如，曹雪芹《红楼梦》中的"桃未芳菲杏未红，冲寒先已笑东风"；陈毅的《满江红》："喜东风浩荡海天宽，西风落"；郭沫若的《新华颂》："多种族，如弟兄，千秋万岁颂东风。"此外，"东风"在汉语文化中还可用来比喻其他事物。例如，罗贯中《三国演义》中记载："孔明索纸笔，屏退左右，"密书十六字曰："欲破曹公，宜用火攻；万事俱备，只欠东风。"这里的"东风"就喻指事情成功的必要条件；曹雪芹《红楼梦》中有云："黛玉从不闻袭人背地里说人，今听此话有因，"便说道："这也难说。但凡家庭之事，不是东风压了西风，就是西风压了东风。"这里的"东风"和"西风"指的就是对立的两面。当然，在汉语文化中，"东风"并非都表示令人高兴的东西，有时也表示不好的东西，如陆游的《钗头凤》："东风恶，欢情薄。一怀愁绪，几年离索。错，错，错。"

而"西风"在汉语中则象征着"寒冷""调零"，一想到"西风"，人们似乎就会瑟瑟发抖，因此其多被用于贬义。这在中国文人的诗词中也有所体现，如许浑的《早秋》："遥夜泛清瑟，西风生翠萝。残萤栖玉露，早雁排金河"；王安石的《咏菊》："昨夜西风过园林，吹落黄花满地金"；王实甫的《西厢记》："碧云天，黄花地，西风紧，北雁南飞，晓来谁染霜林醉，尽是离人泪。"

2. "东风""西风"在英语文化中的内涵

不同于汉语文化，在英语文化中，人们对"东风"和"西风"有着截然相反的感情态度，这主要是由于东西方地理位置的差异所致。英国西邻大西洋，东接欧洲大陆，所以从西面吹来的是暖风，从东面吹来的则是寒风。此外，在英国，东风常与寒冬、瑞雪相连，给人"寒冷"的感觉，因此也并不受人喜爱。例如，查尔斯·狄更斯（Charles Dickens）有诗："How many winter days I've seen him, standing blue nosed in the snow and east wind!"（多少个冬日里，我都看见他，鼻子冻得发紫，站在冰雪和东风中!）而从大西洋吹来的西风却给人以温暖的感觉，因此英国文人素来喜爱西风，并对其赞美有加。例如：

O, wind,

If winter comes, can spring be far behind?

啊，西风，假如冬天已来临，春天还会远吗？

以上是英国浪漫主义诗人雪莱的名诗 Old to the West Wind （《西风颂》）中最后一句。在诗的最后一句，诗人表达了自己对未来美好的憧憬和坚定的信念。再如：

Sweet and low

Sweet and low,

Winds of the western sea,

Low, low, breathe and low,

Wind of the western sea!

轻轻地，柔和地，

轻轻地，柔和地，

西风吹来海风，

轻轻地，轻轻地吹拂，

西风吹来海风！

上述是英国诗人阿尔弗雷德·丁尼生（Alfred Tennyson）的诗句。

二、英汉自然文化翻译

（一）英汉山文化的翻译

1. 英语中山文化的翻译

在英语中，山并没有特别丰富的文化含义，多是对客观事物的描写，对此在翻译时就可以采用直译法。例如：

Mother father is higher than the mountains, deep than the sea.

父恩比山高，母恩比海深。

2. 汉语中山文化的翻译

（1）直译

虽然汉语中的山有着丰富的文化内涵，但都与其本身的物理特征紧密相关，这些物理特征也被西方人所共识，因此在翻译时可采用直译法，通过上下文语境西方读者也能理解山的文化内涵。例如：

枕前发尽千般愿，要休且待青山烂。水面上秤锤浮，直待黄河彻底枯。

On the pillow we make a thousand rows, and say

Our love will last unless green mountains rot away,

On the water can float a lump of lead,

The Yellow River dries up to the very bed.

对于翻译原文中的"青山"，译者采用直译法将其译为 green hills，这样既能表达原文形象，也便于读者理解。

（2）着色

因季节以及光照的变化，山常常会呈现出不同的颜色。在对山进行描写时，作者常会通过山的色彩来创造不同的意境。在翻译时，译者就可以从山的颜色入手，进而准确传达原文的含义与情感。例如：

天平山上白云泉，云自无心水自闲。何必奔冲山下去，更添波浪向人间。

Behold the White Cloud Fountain on the Sky—blue Mountain!

White clouds enjoy free pleasure; water enjoys leisure.

Why should the torrent dash down from the mountain high,

And overflow the human world with waves far and nigh?

（二）英汉水文化翻译

1. 英语中水文化的翻译

英语中对于水多为描写性的表达形式，表达出作者的所见，是烘托作者感情色彩的重要意象。针对英语中这种水文化概念，译者可以采用直译的形式，从而表达出作者的思想情感。例如：

Water is the eye of lands cape.

水是风景的眼睛。

2. 汉语中水文化的翻译

（1）直译

在翻译汉语中的水文化时，可以采用直译法，也就是说"水"可直译为 water，river，stream，直译后"水"的文化内涵会基本得以保留。例如：

日照香炉生紫烟，遥望瀑布挂前川。飞流直下三千尺，疑是银河落九天。

The sunlit Censer perk exhales a wreath of cloud;

Like an upended stream the cataract sounds loud.

Its torrent dashes down three thousand feet from high;

As if the Silver River fell from azure sky.

（2）转移

灵动的流水能够给人丰富的审美和创造空间，同时会让人产生一些理解空白。为了填补这些空白，并将水的烘托效果充分表达出来，译者可采用转译法进行翻译，也就是在句内进行一些语义转移。例如：

丹阳郭里送行舟，一别心知两地秋。日晚江南望江北，寒鸦飞尽水悠悠。

At the outer wall of Dan yang, I see your boat go,

Knowing in both hearts of our sorrows will grow,

From the south of the river I look at the north,

And only see crows flying over the cold water flow.

原文满是离情别绪，并通过水这一物象进行烘托。为了将这种艺术美感充分表现出来，译者将"寒"的语义转移到了江水之上，将其译为 cold water flow，充分地表现了作者的凄凉与失落之感。

（3）化隐为显

中国文人借助水来抒发情感时，往往不直接表达，而是比较委婉。为了便于读者充分理解原文含义，译者可以采用化隐为显法将原文中的隐性信息传达出来。例如：

南苑吹花，西楼题叶，故园欢事重重。凭阑秋思，闲记旧相逢。几处歌云梦雨，可怜便、汉水西东。别来久，浅情未有，锦字系征鸿。

In western garden wafted flower,

Verse was made on leaves in western bowers.

O joy on joy in days of yore !

Leaning on railings in the fall,

At leisure I recall,

The songsters whom I met before.

Her songs of cloud and flower vanish like a dream；

Alas！

We're east and west like running stream，

The fickle left me long，

And sent me not a word by wild geese's song.

原文中的"可怜便、汉水西东"属于隐性信息，为了将其中的审美特质和伤感情绪较好地传递给读者，译者进行了显化处理，将其译为 We are east and west like running stream（我们就像流水般各奔东西）。

（三）"东风""西风"文化翻译

1. 直译

虽然"东风""西风"在英汉语文化中存在着截然不同的文化内涵，但随着东西方文化的不断交流，大多数读者已了解其中存在的差异，因此有时直译也不会造成读者的理解错误。例如：

东风夜放花千树，更吹落、星如雨。

One night's east wind adorns a thousand trees with flowers，

And blows down stars in showers.

2. 直译加注释

为了避免读者产生不必要的误解，在翻译的过程中也可以对"东风""西风"进行适当的处理，即采用直译加注释法。例如：

闲愁万种，无语怨东风。

I am saddened by a myriad petty woes，

And，though I speak not，

I am angry，

At the breezes from the east.

3. 意译法

翻译过程中使用意译法，一方面可以传译原文的深层内涵，另一方面可带领译入语读者领略原文的意境。[①] 例如：

Thine azure sister of the spring shall blow，

---

① 陈莉. 中西旅游文化与翻译研究［M］. 北京：中国商务出版社，2018：135.

Her clarion o'er the dreaming earth.

但一朝，你那东风妹妹回来，为沉睡的大地吹响银号。

本例中，王佐良将 sister of the spring 意译为"东风妹妹"，既与诗歌主题"西风颂"相呼应，又与汉语的表达习惯相一致。

第八章　其他英汉文化对比与翻译

西方国家与我国存在着巨大的文化差异，因此，英汉翻译之路任重而道远。本章主要对专有名词、成语、色彩、委婉语等英汉文化进行对比与翻译研究。

第一节　英汉专有名词对比与翻译

一、英汉人名对比与翻译

（一）英汉人名对比

1. 命名方式对比

（1）根据道德情操命名

道德是维系人际关系、维持社会安定的准则，道德和情操有助于衡量人的价值。西方人强调正直、守信、扶危济困等，因此很多名字也是基于这一理念而命名的。例如：

Justin　贾斯廷，意思是为人正直、公道

Hector　赫克托，意思是用巨大的力量将敌人阻挡在国门之外

Bailey　贝利，意思是待人诚信、忠厚

Constance　康斯坦慈，意思是忠实、坚定、不屈

道德高尚、胸怀宽广、作风磊落、为人正直正是中国人长久以来追求的一种思想人格。中国文化强调"文以载道""里仁为美"。因此，在人名的命名上，往往会表达这一含义，如"宗信""卫国""恩宇"等。

（2）根据性格、情怀命名

世间每个人的性格和情怀都是不一样的，有的人比较随和，有的人性格坚

定，有的人比较开朗，有的人比较深沉。其中，西方人讲究个性，追求标新立异，因此他们不愿意约束自己。就文字层面来说，西方人不讲究幽深的意境，往往采取的是生动、直接的表达方式，在命名上也有所体现。例如：

Fernanda　费尔南多，意思是喜爱冒险、胆子大的人

Deirdre　迪尔德丽，意思是饱受悲伤、痛苦，四处流浪

Lupe　鲁普，意思是奴役他人，像狼一样的性格

中国人性格多样，所以在取名上也体现了这一特点，如"精武""致远""渊明""少雄"等。

（3）根据身份、职业和生长环境命名

西方个人的文化取向倾向于实用、客观，因此往往以具体职业、身份作为理据，命名上也是如此。例如：

Brook　布鲁克，意思是出生于湖泊、小溪的人

Carl　卡特，意思是马车夫或者打造马车的人

Milton　弥尔顿，意思是住在镇上的磨坊里面的人

中国文化的"内视"性非常强烈，审美观点上往往也超脱外物，注重精气神，在人名的命名上，主要是抒发志向，不以具体的职业、身份等来命名，而常以自然环境来命名，如"雪峰""苍海""松涛"等。

（4）根据相貌、气质命名

西方人主张个性化，对于相貌不存在褒贬，越有个性，越显得与众不同，因此常以相貌来命名。例如：

Anne　安妮，意思是娇美的人

Cameron　卡梅伦，意思是由个性的人，鼻子如鹰嘴的人

Algernon　阿尔杰农，意思是有着大胡子的人

中国人看待相貌是持有中庸的姿态，对长相大众化是非常推崇的。在中国文化传统中，对别人的长相品头论足如同揭人短处一样，显得不道德，会令人非常尴尬，因此中国人绝对不会用相貌特征作为名字的命名方式，而更注重气质，常以气质作为内涵来命名，如"子昂""炯明""之涣"等。

（5）借物喻人命名

自然界中的很多事物都有独特特点，值得人们赞颂与崇拜，因此人们往往会借助这类事物对某种性质、形体、品格等进行表达，并以之命名。很多西方人的名字都是根据动植物的寓意来命名的。例如：

Daphne　达芙妮，意思是像月桂树那样高贵的人

Arno　阿诺，意思是融合狼的勇猛与鹰的眼力为一体的人

Adolph　阿道夫，意思是像狼一样勇猛的人

这种命名方式在中国也十分常见，如"赵虎""张龙"等，因为中国人认

为雄鹰代表的是志向远大，老虎是非常威猛的，有着王者风范的龙表达的是一种神圣威严。

2. 人名使用对比

在日常交际中，英语人名在使用时也有着明显的不同，这也是不同文化差异的反映。

（1）在称谓使用上的差异

中国文化强调共性特征，即集体利益高于个人利益，也可以将其称为"we"文化。在这样的文化中，人们看重的并不是他们是谁，而是他们的身份与职务。简单来说，中国文化中对于等级、辈分等是非常看重的，在言谈举止中也非常注重礼貌，如称呼别人往往为"王教授""李阿姨""张博士"等。

西方文化强调个性，即个人利益高于集体利益，不管人们的职位多高，个人有多大的贡献，他们都认为应该平等对待，彼此之间说话也是轻松随意的。他们认为自己的文化是"I"文化，因此在非正式的场合或者初次见面时，往往直呼其名。

（2）在书信使用上的差异

在书信使用上，英语人名往往是个人最前。

（二）英汉人名翻译

1. 一般人名的翻译

一般人名指的是不含有言外之意的人名，以及不像文学作品中寄托着作者特殊意图的人名，而只是单纯的一种指称符号。对于这种人名的翻译，一般采用音译法。例如：

Smith　史密斯

Hunter　亨特

Edward　爱德华

如果是将中文名字翻译为英语，就采用汉语拼音的方式。为了显示对中华文化的尊重，以及对个人姓名权的尊重，应该保留汉语姓名本身的特点。例如，将"夏至刚"翻译为 Xia Zhigang，将"朱力"翻译为 Zhu li 等。

2. 特殊人名的翻译

特殊人名不仅具有指称作用，更重要的是传达了一种联想意义。人们在翻译这类人名时，要参考社会文化和交际语境，进而推断这些人名的真实寓意。翻译这类人名的方法包括如下几种。

（1）音译

在对特殊人名进行翻译时，译者首先需要准确理解源语作者的意图，并在此基础上通过保留源语文本的人物形象来再现源语文化特征，这就是采用了音译法。① 这类特殊人名也包括目的语读者熟悉的人名，即使音译，读者也能理解它们所代表的寓意。这种翻译方法可以让目的语读者感到新颖。例如：

Shylock　夏洛克（吝啬鬼）

Judas's kiss　犹大的吻（居心叵测）

（2）意译

文化空缺也体现在人名文化上，有的人名在一种语言文化中存在，而在另一种语言文化中找不到对应词。对于这种情况的翻译，译者就需要在推断人名的真实意义的基础上进行意译。例如：

A good Jack makes a good Jill.

夫善则妻贤。

在本例中，Jack 是英语中一个普通的男子名，Jill 是一个普通的女子名，如果直译过来，就是"一个好的杰克造就了一个好的吉尔"，目的语读者就会费解，所以只能意译。

（3）音译加注

对于一些富有民族文化特色的人名，只有在翻译时附加注释，目的语读者才会理解其含义。这类人名往往是历史人物的名字或者文学作品中的人名。例如：

班门弄斧。

This is like showing off one's proficiency with the axe before Lu Ban the master carpenter.

本例"班门弄斧"来源于春秋战国时期一名叫作鲁班的工匠的故事，他从小就跟随家里人参加土木建筑劳动，并发明了很多做木工的手工工具，技艺精湛。如果目的语读者不熟悉中国文化，就不知道这一故事来源，直译"鲁班"会让目的语读者费解，因此译者将"鲁班"译为 Lu Ban the master carpenter，加上了 the master carpenter 这一注释，目的语读者就容易理解了。

二、英汉地名对比与翻译

（一）英汉地名对比

1. 命名方式对比

（1）根据姓氏、人名命名西方以姓氏、人名命名地名的有很多，且都是本国的军事家、科学家、政治家的姓氏或名字。例如：

---

① 梁为祥，肖辉. 商务英语翻译 [M]. 上海：复旦大学出版社，2016：107.

Augusta   奥古斯塔

Madison   麦迪逊

Clinton   克林顿

中国的姓氏历史悠久，根据姓氏命名的地名十分常见，尤其是一些传统的村落和城市，如"赵家沟""金家堡"等。但中国以人名来命名地名并不多见，中国古人出于对尊长、君主等的尊重，往往避讳使用他们的名字，即便是之前已经存在了，为了避免与当时的君王冲突，也会进行更改。例如，河南洛阳的宁民坊，因与李世民的名字冲突，因此为了避讳，更改为"宁人坊"。后来受西方文化的影响，中国以人名为地名命名的逐渐增多，如"中山县""高尔基路"等。

（2）根据美好愿望命名

对于美好的生活，人们都十分向往，因此在对地方进行命名时，也会倾向于选择美好的寓意，给人以吉祥、文雅之感。

在西方各国，很多地名也代表着美好的愿望。例如：

Concord   和平

Providence   远见

Hope   希望

受传统农耕文化的影响，中国人追求安定、和平，因此在给地方命名时多选用有着美好寓意的名字。例如：寿宁县、福安市、兴隆县、忠孝村等。

（3）根据他国名字命名

在西方国家，很多名字也都是外来的，尤其在美国这种情况较多。美国是一个移民国家，很多移民在当地留下了自己国家的地名。例如：

Montana   蒙大拿

Detroit   底特律

Fond du Lac   方杜莱克

尽管中国古代比较封闭，但仍有很多地名是外来的。例如：德县路、威廉路、威妥玛路等。

（4）根据自然环境命名

汉语民族中很多的地名都是根据自然环境命名的，显示了人们对自然的崇拜与热爱。

第一，源于动植物、矿物

根据动植物和矿物命名的地名在中西方非常广泛。例如：

Peacock   皮科克，意为孔雀

Wild Horse   怀尔德霍斯，意为野马

Eagle 伊格尔，意为鹰

中国有一些地名源于动物的名称或者这些动物的某个器官的名称或借用一些树木的名字，也有很多地名源自矿产名称。例如：螃蟹坑、芭蕉村、柿树坳等。

第二，源于山水。在中西方的地名中，以山水作为来源的也较为常见。西方的很多地名源自它们附近的河流。例如：

Vaucluse 沃克吕兹，源于该省同名泉水

Piemonte 皮埃蒙特，源于阿尔卑斯山麓

中国的很多地方是以山或水命名的。例如：象山、萧山、青海等。

第三，源自地理位置。西方很多地名与其地理位置有着密切的关系。例如：

North 诺斯，意为北方

Eastman 伊斯特曼，意为东方人

West Point 西点，意为位于哈得逊河西岸

中国的很多省市名称往往带有方位词。例如：河南省、河北省、阜南县等。

（5）根据数字命名

中西方有些地名是使用与地名相关的数字来代替地名而成的。

（6）根据人体命名

西方很多地名是运用人体来命名的。例如：

Tongue Point 汤角，源于舌尖

Thumb 萨姆，源于拇指

中国也有很多类似的情况，如"海口""溪口"等。

2. 地名特点对比

中西地名特点的差异主要体现在写意性与写实性上。写意性是指对意象的侧重，其与真实有着较小的关联。写实性是指对事物展开真实的模仿，其与真实有着较大的关联。

在地名上，中国人倾向于引用事物表达一种愿望，如"龙凤村"就是很好的代表。相比之下，西方侧重对事物展开实在的论述，并不会引出其他内涵。

（二）英汉地名翻译

1. 音译法

音译，即根据地名原本的英语读音，用读音与之相近的汉字进行模拟与拼

合的翻译方法，这是在翻译英语地名时使用最为广泛的一种方法。在使用该翻译方法时，要注意以下几点要领。第一，选用的汉字要与英语原名读音相近，并能大致拼出地名原本的读音。第二，要注意音译汉字的形体结构和寓意，尽量使用常用字进行音译，避免选用生僻字或读音拗口的字。纵观当今英语地名的汉语音译，几乎所有译名选用的都是常用汉字。第三，要做到统一规范，避免一地多译现象的存在。

2. 意译法

意译，即根据英语地名的实际语义来予以翻译的方法，意译法使用的范围也比较广，主要用于以下两种情况。

第一，当原地名具有实际语义，且通过语义能表现出该地的地理特征等信息时，一般采用意译。例如，将 Pearl Harbor 译为"珍珠港"，就表现了该地作为港口的重要地理信息；将 Salt Lake City 译为"盐湖城"，也体现了该城市位于大盐湖附近的地理特征。

第二，当采用音译显得译名过长，也可采用意译。例如，如果将 San Francisco 音译为"圣弗朗西斯科"，音节数量就比较多，因此就意译为"旧金山"。汉语地名注重简洁，如果将英语地名按照音译法翻译成汉语，可能会造成译名过长的问题，因此英语地名可以尽量使用意译法。

3. 音义结合译法

有的英语地名既不适于完全音译，也不适于完全意译，因此多采用音义结合的译法，即将地名中意义较为明确的部分予以意译，意义不明或不便翻译的部分则予以音译。

当遇到一些有约定俗成的汉语译名的英语地名时，为了不造成译名的混乱，译者直接使用惯例译名即可。

第二节　英汉成语对比与翻译

一、英汉成语对比

（一）地域文化对比

地域文化指的是由所处地域、自然条件和地理环境所形成的文化，表现在不同民族对同一种现象或事物采用不同的言语形式来表达。① 东西方在地理位置和地理环境上有很大的不同，这就必然造成了两种语言上有很大的差异。

从在世界的地理位置上看，中国位于东半球，东临太平洋，西靠亚欧大陆，所以当东风来临的时候，也就意味着春天的到来。所以汉语中"东风"常常是好运的代名词，著名的成语如"万事俱备，只欠东风"说的就是这个意思。而英国位于西半球，西临大西洋，东靠亚欧大陆，所以从大西洋而来的西风能够带来温暖的湿气，预报春天的来临。因此在英国人的心中，"西风"是美好事物的代名词，诗人雪莱就曾赋诗一首"西风颂"来歌颂西风。在中英的思维观念中，"西风"和"东风"有着截然不同的形象，因此在英汉互译，尤其是成语的翻译时，一定要注意不能采用直译的方法，比如成语"撒手归西"，若直译可能会造成误解。

此外，就两国的自然条件来看，中国是传统内陆国家，是一个有着数千年历史的农耕大国，自古以来就与土地有着不可分割的联系。这种联系渐渐形成了语言的一部分，表现在成语方面即有着很多与土地或农耕有关的习语，如"土生土长""根深蒂固""瓜田李下""斩草除根""瓜熟蒂落""挥金如土"等。与中国相反，英国是一个岛国，境内多山多高地，生存环境恶劣。为了生存，人民不得不与险恶的海洋环境抗争，寻求海上的发展，渐渐形成了发达的航海业，与此同时也形成了许多与航海、船、水等有关的成语，如"to know the ropes"（通晓秘诀）、"all at see"（不知所措）、"to go with the tide"（随波逐流）、"sail before the wind"（顺风航行）、"as weak as water"（弱不禁风）、"spend money like water"（挥金如土）等。

（二）历史典故对比

成语是一个国家长久以来所形成的语言精华，与该民族的历史密切相关，许多民族特有的历史事件、故事或传说会通过成语反映出来。

中国有着长达五千年的文明史，经历了许多个封建王朝的更迭，因此汉语中也出现了很多以历史特定事件和人物为素材的成语，使精彩的历史事件流传至今，如越王勾践的"卧薪尝胆"，蔺相如的"负荆请罪"，丑女东施的"东施效颦"，楚霸王项羽的"破釜沉舟"，蜀国阿斗的"乐不思蜀"，班超的"投笔从戎"，孟光的"举案齐眉"，毛遂的"毛遂自荐"，淝水之战的"风声鹤唳"，李林甫的"口蜜腹剑"等。同样，英语中也有很多有关历史事件和人物的成语，如古罗马军事领袖恺撒出征时为断绝战士后路，激励他们勇往直

---

① 孙乃荣. 整合与创新 翻译教学与研究 ［M］. 天津：南开大学出版社，2017：22.

前，把船只烧毁，因此后世便流传下来了成语 burn one's boat（破釜沉舟），而当战无不胜的拿破仑奋勇战斗，但最终惨败滑铁卢时，后世便又流传下来成语 meet one's water loo，来形容一个人的惨败遭遇。

除了许多源于真实历史事件的成语，英汉两种语言中还含有许多源自神话传说和寓言故事的成语。汉语中成语较多地源自古代神话传说和寓言，产生的词语有八仙过海、女娲补天、揠苗助长、守株待兔、掩耳盗铃、叶公好龙、狐假虎威、塞翁失马、五十步笑一百步等等，而英语中成语则较多地源自古希腊罗马的神话传说和《伊索寓言》，产生的词语有 Achilles heel（唯一致命弱点）、the apple of discord（祸根、争端）、cry wolf（发假警报）、fly on the wheel（狂妄自大的人，盲目自负的人）等。值得注意的是，英汉语言虽然都包含许多来源于真实历史事件或神话传说或寓言故事的成语，但这些成语是具有特定的民族特色的，它们之间绝大多数并不存在对应性，这就要求我们在翻译的时候不能进行直译。

（三）民族习俗对比

由于民族文化差异，同样的东西在中西方民族间有着不同的理解。例如蝙蝠和 bat 在中西方民族间所包容的文化内涵是截然不同，相互冲突的。在中国传统文化里，蝙蝠因与"福"同音，象征吉祥福禄，经常出现在民俗年画和桌椅雕刻中，成为传统文化的代表。而在西方人心中，蝙蝠"bat"有着截然不同的含义。他们认为蝙蝠是不祥的象征，因此与蝙蝠有关的词常常是贬义的，比如"have bats in the belfry"（异想天开）、"as crazy as a bat"（疯疯癫癫）等。与此类似，龙也是诠释不同文化的一种动物。中国人普遍认为龙是富贵权势的象征。在古代，龙被认为是神的化身，经常与皇帝、天子联系在一起，不能为平民所用，而中国人也喜欢自称自己是龙的传人。与龙有关的词也一般都是褒义的，如"龙飞凤舞""望子成龙""龙凤呈祥"等。但在西方人看来，龙（dragon）是神话传说中邪恶的喷火怪兽，与其相关的词一般都是贬义的。因此对于汉语成语"望子成龙"，我们如果直接把"龙"译为"dragon"，将其翻译为"wish one's child to become a dragon"，那就可能被译语读者所误解或者不知所云，故此词应该采用意译的方法，回避 dragon 一词，译为 wish one's child to become an excellent person。

同样地，狗在中西文化中也有着不同的内涵。中国人一般认为狗是卑贱的动物，与狗有关的词语常常都是用来指代坏人，比如"走狗""狗东西""狗杂种""落水狗"等。而与狗有关的成语也常常都是贬义的，如"狐朋狗友""狗仗人势""狗咬吕洞宾""狗嘴里吐不出象牙""狼心狗肺"等。而英国人常常将狗视为家庭成员或宠物，认为狗是忠诚、勇敢、惹人怜爱的。因此英语中有关狗的成语常常都是褒义的，如"lucky dog"（幸运儿）、"help a lamb dog over a stile"（见义勇为）。当然也有一些含有贬义的词语，如"lead a dog's life"（过着令人厌烦的生活）、"work like a dog"（拼命工作）、"let sleeping dogs lie"（不要惹是生非）。

除了对动物的不同理解外，中西文化对某些颜色也有着不同的理解。比如红色一直是中国人非常喜欢的颜色，象征着喜庆和吉祥，与其有关的词语有"红红火火""姹紫嫣红""红光满面"等。而在西方人心中，红色却有着反面的意义，一般与不好的事情相联系，比如"in the red"（赤字，超支）、"red herring"（假造的线索，无关的信息）、"a red rag to bull"（引发暴怒的原因）。这些由于民俗文化的不同而造成的同一事物的不同理解应该在翻译中得到高度重视。

二、英汉成语翻译

（一）直译法

所谓直译，即在不违背语言规范以及不引起错误联想的条件下，按字面意思翻译[1]，在译文中尽量保留原成语的比喻、结构、形象和民族、地方色彩的方法。直译的优势在于能很好地保留原文的意义，语言特色和形象，从而最大限度地保持原文的风格，使译语读者享受到作品的原汁原味，同时又促进了源语和译语民族间的文化融合和创新。

但是直译并非死译或逐字翻译。必须是在英汉成语字面意义及隐含的文化内涵相似或差异不大的情况下才可以进行直译。正当源语与汉语在词汇、语法结构以及修辞手法方面一致或几乎一致时应采用直译。下面我们来看几个使用直译法翻译的英汉成语例子：

汉语成语英译：

浑水摸鱼　fish in troubled waters

以牙还牙　an eye for an eye

与时俱进　advance with times

分文不值　not worth a rap

英语成语汉译：

castles in the air　空中楼阁

---

① 汪涛，崔萍. 新编英汉互译教程［M］. 武汉：武汉大学出版社，2020：16.

can't see the wood for the trees　见木不见林

give him an inch and he will take a mile　得寸进尺

strike while the iron is hot　趁热打铁

上面我们看到的多个英汉成语都属于字面意义、隐含的文化内涵基本相似或差异不大，在这种情况下我们直接采用直译法，保持原词的结构和风格，翻译出其字面意思即可，既可节省时间，又不会造成译文歧义或语义不明确。然而英汉成语中大多数词的文化内涵在英汉两种文化中都有着或大或小的差异，这个时候采用直译法很难达到很好的翻译效果，需要用其他的方法进行翻译。

（二）借译法

汉英成语虽然以直译为主，但语言之间毕竟有一定的相融性。很多汉英成语不仅在内容和形式上相符，而且还有完全或相近的寓意，这时我们就可以借用同义的成语来翻译，这样译文不仅在形式上与原文基本一致，意义和修辞色彩也基本相同。如：

出生入死　go through fire and water

种瓜得瓜，种豆得豆　as you sow, so shall you reap.

Pot calls the kettle black　五十步笑百步。

（三）意译法

汉语和英语有不同的文化背景，因此相互对译时，常需要灵活处理。如果直译和借译都不妥当，就只有舍弃原文的风格，削弱原文鲜明的意象或和谐的音韵，根据其内容进行意译。即把"忠实于原文内容"放在首位，而不是忠实于个别词。为了确切表达意义，有时需要作出适当变动以保持原作思想和内容上的完整。如：

草木皆兵　a state of extreme nervousness

釜底抽薪　take a drastic measure to deal with a situation

to hold a candle to devil　助纣为虐

a bunch of rascals or pretty politicans　狐群狗党

（四）直译加意译法

直译加意译法，是指在翻译时采用直译法保留原文字面意思和风格的同时，又采用意译法进行适当的解释和补充，帮助读者更好地了解成语在源语中的文化内涵。由于英汉很多成语都源自本民族的历史事件、神话传说和寓言故事，具有民族特性，这些词语往往在译语中没有与原词对应的表达方法。如果直译不能充分地诠释这些成语除字面意义外的特有含义，而意译又不能解释原词典故的来源，这时我们只能采取直译加意译的方法，翻译字面意思的同时进行补充，以更加清晰地传达原词含义。

以下面几个成语为例：

守株待兔

直译：lying by the tree to wait for rabbit

意译：stick to one's folly and do nothing

直译加意译：do nothing but lie by the tree—wait for a rabbit that will not come.

此典故出自《韩非子·五蠹》，讲的是：战国时宋国有一个农民，看见一只兔子撞在树根上死了，便放下锄头在树根旁等待，希望再得到撞死的兔子。后被用来比喻企图不劳而获的侥幸心理。如果按字面意思翻译成 "lying by the tree to wait for rabbit" 译语的读者就不能理解词语背后深刻的隐含文化意义，故应采取直译加意译的方法。

卧薪尝胆

直译：to sleep on brushwood and taste gall

意译：to endure hardships to accomplish some ambition

直译加意译：to sleep on brushwood and taste gall, enduring hardships to accomplish one's ambition.

此典故出自《史记·越王勾践世家》："越王勾践反国，乃苦身焦思，置胆于坐，坐卧即仰胆，饮食亦尝胆也。"后用此词形容人刻苦自励，发奋图强。通过直译解释字面意思，通过意译解释了隐含意义，更好地实现了词语的翻译。

许多汉语典故和成语英译时都是采用直译加意译的方法，例如：

南柯一梦

直译：a Nanke dream

意译：a fond dream/an illusory joy

直译加意译：a Nanke dream fond dream or illusory joy

朝秦暮楚

直译：serve Qin in the morning and Chu in the evening

意译：be quick to switch sides

直译加意译：serve Qin in the morning and Chu in the evening be quick to switch sides

第三节　英汉色彩文化对比与翻译

一、英汉色彩文化对比

（一）red 与红

不管在中国还是英语国家，红色都象征喜庆和吉祥。[①] 在英语中，red-letter 译为"喜庆的"，因为很多西方节日在历史上都是用红色印刷的。铺上红地毯表示对客人的尊敬和欢迎，所以 roll out the red carpet（铺展红地毯）就意味着隆重的欢迎。英语 red 的引申意义为"残忍、灾难、狂热"等，这与汉语中的"红"不对应。再如：

have red hands　犯杀人罪

red ruin　火灾

ared battle　血战

在汉语中，"红"为义词，象征吉祥喜庆、兴旺富裕、欢乐等。例如：开门红、满堂红、红娘、红榜、红利、红火、红得发紫等。

此外，汉语中的"红"也有"忠义、直接"的意思，如"红脸关公"就象征忠臣。中国古代常用"红颜""红粉"指代面容较好的女子，用"红楼"指富贵人家女儿的闺阁。[②]

（二）white 与白

1. 英语中的 white

西方文化中，white 的文化内涵非常丰富，主要表现在以下几个方面。

（1）象征纯洁、清白、光明等。英语国家在婚礼上会穿白色的婚纱，以示新娘的纯洁无瑕。此外，white 还象征爱情的忠贞不移，如 white rose of innocence/virginity。

---

① 王芳. 从特殊词汇的语义内涵看中西文化的差异 [J]. 合肥工业大学学报（社会科学版），2005（4）.

② 王春梅. 简明英汉翻译实用教程 [M]. 郑州：黄河水利出版社，2008：11.

（2）象征幸运、善意。例如：

a white day　吉日

days marked with a white stone　幸福的日子

a white lie　善意的谎言

（3）表示正直、合法。英语中的 white 可引申出"正直"等含义。例如：

a white man　忠实可靠的人

a white spirit　正直的精神

stand in a white sheet　忏悔

（4）英语中的 white 也不总是用来象征美好的事物，有时人们也会用它来表示负面影响或消极情绪。例如，在战争中，失败一方会打出白旗（white flag）以示投降；在斗鸡中，认输的一方会竖起颈上插着一根长长的白色的羽毛，于是就有 show white feather 的表达。

2. 汉语中的"白"

在中国文化中，白色有着丰富的文化内涵，主要表现如下：

（1）代表纯洁、素洁、纯净。例如，《增韵》中记载："白，素也，洁也。"白色还代表没有任何额外的东西。例如，白条、白汤、白水。

（2）在中国古代，平民经常穿的是没有任何修饰的白布衣服。"白衣"代表没有文化和身份的贫民。

（3）在中国民俗里，丧事要穿白色孝服，白色代表着肃杀、死亡，是丧事的标志。

（4）表示落后、反动、投降。白色在其发展过程中受政治的影响，从而具有腐朽、反动、落后的象征意义。例如，"白色恐怖"指反动政权制造的镇压革命的恐怖氛围，"白军"指反动军队。

（5）在现代社会中，白色是对女性美和婴幼儿健康标准的评判。人们普遍认为美丽的女性应该看起来白，因此在中国有"一白遮百丑"的说法，而人们对婴幼儿的一个评判标准也是"又白又胖"。

（三）black 与黑

1. 英语中的 black

在西方文化中，black 常被当作"死亡之色"，可见其贬义色彩更浓厚一些，英语中 black 的文化内涵主要体现在以下方面。

（1）象征悲痛、死亡和苦难。欧美国家人们认为，黑色能使气氛显得庄严肃穆，令人肃然起敬，是丧礼时的专用色彩。例如，黑色面纱用于表示对死者的哀悼。

（2）常用于描述态度不好、心情坏、脸色差或状况不明。例如：

black-browned　愁眉苦脸的

be/go black in the face　非常生气

又如，black Tuesday 指 1987 年 10 月 19 日星期二，那天华尔街股市崩溃，进而引起世界各地股市的接连崩溃这一特定的历史事件。black economy（黑色经济）指国家经济的一部分，但是建立在未申报收入的基础上，且无法估计税额，实际上属于非法收入。

（3）表示耻辱、不光彩、邪恶、犯罪。例如：

black Man　邪恶的恶魔

a black eye　丢脸、坏名声

black guard　恶棍、流氓、坏蛋

（4）象征着隆重、严谨和谦虚。black 色调暗沉、朴素而沉稳，是西方传统服装的主色。例如：

black suit　黑色西装

black dress　黑色礼服

（5）表示盈利。这里的用法正好与 red 相对，西方人习惯以记账通用的黑色字体来标注盈利的数字，因此就有了 in the black（盈利，有结余）的说法。

（6）在《圣经》文化中，black 象征邪恶、妖魔和黑暗。例如：

black box　黑匣子

black mass　黑弥撒

2. 汉语中的"黑"

"黑"是诸多基本颜色中最为常见的一个，也是颜色词汇中含义较多的一个。在中国的传统文化中，黑色的文化内涵十分复杂。一方面，黑色普遍被认为是黑暗，是光明的对立象征，因此其本身并不被人所喜欢；另一方面，黑色中性特质所表现出的庄重内涵又为人所崇尚。具体来说，汉语中的黑色主要有以下文化内涵。

（1）象征尊贵、庄重。在春秋时期，官员上朝时所穿的朝服颜色是黑色。古书《毛诗故训传》就有这样的解释："缁，黑色，卿士听朝之正服也。"这是指古代用黑色帛做朝服，以显其尊贵、庄严的气势。可见，黑色作为古朝服的颜色，在古代的地位并不低。即使在今天，黑色仍具有"庄重、显贵、正式"的含义。例如，一般的公务车是以黑色为主导色彩，因为人们认为黑色显得沉稳厚重，能给别人留下身份显赫的印象。

（2）象征刚直不阿、公正无私。在戏剧舞台上，一般用黑色或以黑色为主的色调来表示刚直不阿、严正无私和憨厚忠诚的人物特点，如包拯、李逵、

尉迟恭、张飞等人的脸谱都是黑色。

（3）由于黑色常使人联想起黑夜，因此就有了负面方向的基本联想。当人们想起黑夜时，会感到恐怖和无助；当人们看到一些黑色的动物时，如乌鸦，也会产生厌恶之感。此外，中国人认为黑色是地下冥间的色彩，鬼之色就是黑色。

（4）黑色象征着反动、邪恶等。在现代汉语中，很多用黑色表示的词语都说明"黑"不受欢迎的一面。例如，"黑手""黑话""黑幕""黑市""黑人""黑户""黑店""黑心""黑帮""黑货""黑会""黑枪""黑金""黑账""黑交易""黑道""黑车""抹黑""黑社会""黑势力""背黑锅""黑爪牙""黑干将""黑名单""黑色收入"等。

二、英汉色彩文化翻译

（一）直译法

尽管英汉文化中同一颜色的文化内涵具有较大差异，但是为了保持原文的风格与特色，应尽量采用直译法进行翻译。例如：

black list　黑名单

white flag　白旗

red rose　红玫瑰

yellow brass　黄铜

blue collar workers　蓝领阶层

He was dressed in a European style suit of a pale grey material with pale blue stripes.

他穿着一身浅灰色底子淡蓝色条纹的西装。

The man was at all hurly fellow with long hair and more white than black to this eyes.

这是一个身材高大，长头发，眼球白多黑少的人。

（二）删减法

英汉颜色词之间的差异会造成内涵意义的不等值。在这种情况下，我们要使用删减颜色词的翻译方法。例如：

烈士们的鲜血没有白流。

The martyrs didn't shed their blood in vain.

（三）注释法

因为目标语文化与源语文化之间有很大不同，译者在翻译时需要补充一些信息进行解释，使目标语读者可以更好地理解原文。例如，blue law，如果译者仅直译为"蓝色法规"，那么中文读者仍然是一头雾水，此时就要在后面补充注释，"蓝色法规，即在美国执行的法律法规"，这就更加清楚明了。这就是颜色词的注释法。注释法是在直译的基础上加注意说明。注释法即将源语直译为目标语，并且加上适当的补充，以便表达出源语丰富的文化内涵。例如，在翻译 yellow blight 一词时，如果简单地译为"黄疫病"会使读者一头雾水，这是一种什么病，是人体的疾病还是动植物的？那么，为了避免产生这种困惑，我们应翻译为"黄疫病，一种致树木和植物于死地的疾病"，这就可以使中文读者更好地理解原文。同样，在翻译中文颜色词时，有时也用注释法以便于英语读者理解。

第四节　英汉委婉语对比与翻译

一、英汉委婉语对比

（一）关于"疾病"的英汉委婉语对比

人们普遍存在着求吉避凶、求雅避俗的心理要求，在交际时尽量使用吉祥、受听的词语以代替粗俗不雅的词语。"疾病"就属于这种情况。从自身的角度出发，人们一般不愿遭受疾病的折磨；从体谅他人的方面出发，对于患者，直言相向则会增加他们的伤感甚至自卑。因此，人们在言及疾病时，总喜欢运用闪烁其词的委婉语。汉语中有着大量有关疾病的委婉语，比如：欠安、不适、小恙、微恙、头疼脑热、不治之症、青春痘、谢顶、地包天（前牙暴突）；英语也有关于疾病的很多委婉说法，如英文把 cancer（癌症）称为 the big C 或 long illness，disease（疾病）为 discomfort，ailment（疾病）为 condition，leprosy（麻风病）为 hansen's disease，constipation（便秘）为 irregularity，mad 为 mental problem。

通过比较，我们可以发现英汉表示"疾病"的委婉语存在着差异：

从表现形式看，英语可以通过自身的构词规律形成委婉语，如用缩略词

VD 代替 venereal disease，TB 代替 TUBERCULOSIS，BO 替换 body odor，而汉语则不能。

从文化因素看，英语中表示"精神病"的委婉语比汉语丰富，像 mental deficiency，Kangaroos in his top Paddock，innocent，summon squash 等。这与西方的意识形态、心理特点和文化有很大关系。在西方，人们特别强调个人的隐私权和平等权，因此在和别人交际时，特别注意对方的礼貌和尊重，以期得到别人的尊重。反映到对"精神病"的委婉表达上，他们就特别尊重或至少在表面上非常尊重精神病患者，而不会表现出歧视的态度。

汉语中表现"疾病"的委婉语视对象不同而有不同的说法，古云：天子有疾称不豫，诸侯称负兹，大夫称犬马，士称负薪。此外，在古时候大部分情况下，不同的人生病时会因为其不同的阶层、地位、身份等看不同级别的医生。如果彼此逾越了一定的限度，则常会带来麻烦，甚至还会招来杀身之祸。

（二）关于"老年"的英汉委婉语对比

在西方社会中，人们对年龄大小的问题十分避讳，日常交谈与聊天的过程中不会问对方"你多大了"这种问题。与此不同的是，年龄问题在中国并不属于人们忌讳的内容，因为中国传统文化中就存在尊老爱幼的优良习俗。话虽如此，但每一个人都会随着年龄的增长而逐渐变得衰老，进而死亡，所以中国人虽然不忌讳年龄的问题，但对于年迈体衰也是难以接受的，于是就自然而然地形成了关于"老"的委婉语。

1. 英语中关于"老年"的委婉语

在西方社会中，很多人都不会轻易提到"老"的话题，他们对此都十分避讳。因为西方国家"老龄化人口"的问题越来越严重，于是老年人逐渐被看作社会的累赘。不过，虽然人们十分忌讳"年老"，但有时候在交际过程中又不得不提到这一内容，此时就往往会使用一些委婉语来代替，以避免交谈过程中所带来的尴尬或者打断交际的顺利进行。

2. 汉语中关于"老年"的委婉语

与西方国家不同，在中国，人们对"年老"方面的表达并不忌讳，所以汉语中与"年老"有关的委婉语相对较少，仅有少数一些出现在书面表达中，如"夕阳红""华发""鹤发"等。在我国，人们通常使用一些衰义词来形容年老的人，如"老骥伏枥""老当益壮"，因而中国人对"年老"并不害怕。相反，对一些老年人的称呼还充满了敬意，如"您老""李老""王老""老人家""老教授""老总"等。汉语中的"老"通常表示一个人的经验比较丰富，如"老师傅""老革命"等。

（三）关于"职业"的英汉委婉语对比

职业是当今社会中人们普遍关注而敏感的一个话题。英汉委婉语的一个共同趋势是在职业领域美化各种职业名称。中国有句古话"七十二行，行行出状元"，但事实上人们所从事的职业相差悬殊，收入水平千差万别。职业差别制约了不同职业群体的交往互动，刺痛了劣势职业群体的心理。受平等观念的影响，人们在交际中热衷于使用职业委婉语①（occupational euphemism）。职业委婉语是当今委婉语中最活跃、最有生命力的一部分，反映人们在社会交往中迫切要求提高言语交际效果的需要。

英汉职业委婉语往往都要通过语义类比修饰法，即一些相对卑微的职业名称通过往上类比，从相关职业领域找一个档次相对较高的词提升职业名称。例如，清洁工成了 sanitation engineer，干的是门技术活；理发师成了 tonsorial artist，摇身一变成了艺术家；打字员成了 secretary。汉语中称护士为"白衣天使"，而"城市美容师""经纪人""自由职业者"也常被婉指"清洁工""掮客""无业人员"。

透过委婉语这一特定的视角，可以窥见一个民族的心理结构、思维方式、社会行为和价值准则。英汉职业委婉语的差异体现在以下几个方面：

从表现形式上看，英语职业委婉语中以后缀"-or"和"-ist"结尾的词语品位明显高于以"-er"为后缀的词语。如：author（writer）和 hair stylist（hair dresser）发型专家。汉语中词语"者、员、家、师"的大批量使用提高了中国职业名称的品位和从业人员的社会地位；如：饲养员、市政工作者、街头音乐家、调酒师等。有些职业本身不够高雅，从事这些职业的人出于一种补偿心理希望享有其他社会成员的尊重，而其他社会成员也希望表现平等意识在用语中竭力换上一些高品位的委婉词。

从使用的频率上看，职业委婉语在英语中的使用较之汉语更为普遍，它们从一个侧面反映了英美社会的文化传统、价值观。据《语言与语言学辞典》上列出的含 engineer 的复合名词就多达 2 000 多条，常见的有 extermination engineer，patent engineer，recreation engineer，erosion engineer 等。例如："灭鼠者"变成了"清理工程师"（exterminating engineer）。

英汉委婉语体现了不同的文化差异。英美文化中关于职业、收入之类的话题，常常被认为是个人隐私而很少提及，但在东方文化中却被认为是理所应当地可以公开谈论的内容。职业委婉语根源于人们头脑里的职业差别意识；而职

---

① 何善芬. 英汉语言对比研究［M］. 上海：上海外语教育出版社，2002：372.

业差别意识根源于社会绝大多数群体的金钱意识或贫穷观。在西方社会，人们崇尚金钱，贫穷是令人不快的字眼，贫穷常与懒惰、无能相提并论，人们自然要想方设法借助职业委婉语加以掩盖。而在中国人的传统价值观里，贫穷并不是什么十分可耻的事。所以在汉语中只有"手头紧""手头不方便"等少数的委婉语。

英汉语中的职业委婉语，饱含了英汉民族独特的文化底蕴和心理特征。英汉职业委婉语普遍存在的事实说明人类都有趋善趋美的心理。现代英语职业委婉语几乎存在于社会生活的方方面面，它们在不同程度上反映出被英美社会所认可的礼貌原则，价值观和道德观。改革开放以后，随着我国与国际社会接轨，与世界各民族文化交流的增多，汉语职业委婉语的使用也越来越频繁。

（四）关于"婚姻生活"的英汉委婉语对比

有关婚姻生活方面的委婉语在婚姻生活中起着一定的正面作用，它的使用避免了某些尴尬和不雅的场面，代替掩饰了非禁忌语的直白、粗野和禁忌。

在中国和西方国家里，性关系和身体的某些部位是谈话的禁忌。英汉语言中表示不雅或与性相关的那些词语都是要尽量避免使用的。谈到性关系，中国人更倾向于用"同房"，"夫妻生活"等语言来代替。英语中也有一些新创造的词汇"go to bed with""be in bed""do it"。与汉语相比而言，英语拥有更多的关于性方面的词汇，这可能与人们对性抱有更开放的态度有关，而中国人则相对保守一些。如：未婚同居在西方称为"trial marriage"（试婚），或者"married but not churched"（结婚但尚未去教堂的婚姻）。"情妇"自然也成了"妻子"即"unmarried wife"（尚未结婚的妻子），他们的"私生子"便称为"love child"（爱情之子）或"natural child"（自然之子）。比起西方名族，汉民族的传统文化中，性观念更为严肃保守。时至今日，人们对所谓的"桃色事件""第三者""外遇""插足""失身"等社会现象还是颇有微词的。"性"在中国是个隐秘的话题，这既与儒家的伦理思想对人们的影响密不可分，又与中国人的民族审美习惯有关。中国人的性观念，性道德自来是保守而严肃的。这一道德观念可以上溯到宋明理学时代，影响到语言，使汉语中关于性的表达几乎全都采取了委婉的形式。如关于性爱的表达多用自然现象类的名称，如春情、怀春、风情、风花雪月等；对于不正当的性关系，常用"风流""拈花惹草""寻花问柳"等代替。

在英美国家，虽然性教育十分普及，但这并不等于说可以不加选择地随便使用与性有关的词语。这似乎体现了文明社会最起码的伦理道德水平。同汉语一样，英语中凡是同性或性行为有关的，或引起性方面联想的那些词汇都在禁忌之列，一般采用相应的委婉法来表达。

（五）关于"犯罪"的英汉委婉语对比

有关犯罪的委婉语一般是犯罪者为了掩饰自己的行为或为了保密而编造的隐语。例如，汉语中的"摆烟灯"即吸鸦片时所用之灯，以借指吸食鸦片、白面儿、白粉的"瘾君子"；还有用"梁上君子"指贼，以免提起类似事情刺激对方。现如今社会上也常用"失足青年"代替"犯罪青年"；在英语中，类似的有，人们用"juvenile delinquents"（行为不良少年）代替"young criminals"（少年犯），人们把这些令人不愉快的事物或人物用美言相称，加以掩饰，目的在于使目标听起来婉转中听、易于接受。英语中的犯罪委婉语比汉语犯罪委婉语表达方式更加多样。例如，用 a five fingers（五指全能者）代替 pickpocket（扒手）；用 gentleman of the road（大路男子）代替 robber（拦路贼）；用 a shifter（搬运工）代替 fence（销赃人）：用 hero of the underground（地下英雄）代替 heroin（海洛因）；用 the candy man（糖果商）代替 drug pusher（毒品贩子）。

二、英汉委婉语翻译

（一）直译法

当英语委婉语和汉语委婉语在形式和内涵上非常相似时，就可以采用直译法。这不仅保留了源语的形式特色，还再现了源语的文化内涵。例如：
The old man lay taking his rest after a life of bitter hard ship.
这位老人含辛茹苦了一辈子，现在安歇了。
在上述例子中，take one's rest 的真实含义是"死亡"，而按照字面意义翻译就是"安息，休息"，这在汉语中也是"死亡"的委婉语，因此这里采用直译法较为妥当。
He laid down several enemies.
他撂倒了几个敌人。
在上述例子中，lay down 的真实含义是"杀死"，而按照字面意思翻译就是"撂倒"，这在汉语中也是"杀死"的委婉语，可见这一委婉语在英汉语中有着相同的字面意思和真实意义，因此可以采用直译法。

（二）意译法

由于文化渊源的巨大差异，英语委婉语很难在汉语中找到对应的委婉语，也就是存在委婉语的空缺，在这种情况下，为了使目的语读者最大程度地理解源语，译者一般选择向目的语靠拢，用目的语的表达方式或形式再现源语的内涵和意译，也就是意译。例如：

If you will allow me, I will call your carriage for you. You have lived so long abroad, Mrs. Cheveley that you seem to be unable to realize that you are talking to an English gentleman.

如果你允许的话，我要请你卷铺盖滚蛋了。谢佛利太太，你久居国外，看来已经意识不到你自己是在和一个英国绅士说话。

在本例中，call your carriage for you 作为一种委婉语，其真实含义是"请别人离开"，如果按照字面意思翻译为"帮你叫马车"，就无法和上下文衔接起来，可能会让目的语读者费解，因此就不能选择直译法，而要选择意译法，将其翻译为"卷铺盖滚蛋"，这种语言表达方式既让目的语读者感到通俗易懂，其语言风格又适合上下文交际的语境，所以非常到位。

We will have oil the Mayor to get the permit.

我们得赔赔市长，以便获得允许。

在上例中，oil the Mayor 作为一种委婉语，其字面意义是"给市长上油"，真实意义是"赔赔市长"，如果按照字面意思直译，可能会让目的语读者感到荒诞滑稽，因此应采用意译的方法。

第九章　英汉语言文化对比与英语翻译的保障——翻译人才

随着经济全球化的发展，英语翻译人才越来越紧缺，社会对英语翻译人才的要求也越来越高，教师需要不断调整教学策略，这样才能培养出更多优秀的英语翻译人才，为英汉语言文化对比与翻译研究提供保障。本章主要对英语翻译人才的相关知识进行了系统论述。

第一节　翻译人才培养的目标与模式

一、翻译人才培养的目标

（一）培养准确的解读能力

解读力是针对英语翻译内容的深刻理解，是基于不同文本形式、语境背景或者潜在的交流倾向而形成的理解维度。在以往教学过程中，教师更加注重引导学生思考英语文本内容的表层语义，而忽略了跨文化交际中可能存在的交流障碍。因此，消解翻译障碍的实质目标也是对于解读力的客观需求，在于强化学生解读力之后，进一步发掘翻译文本内容的深度内涵，将潜在的文化信息深刻解读之后，才有利于翻译输出内容的理解效果，为读者提供更为清晰的价值规律引导。因此，学生对于文本内容的解读能力并非表层语义的解读，而是对于深层语义的感知，是深度发掘翻译文本文化内涵的翻译能力和解读能力。

（二）培养清晰的表达能力

表达力是学生进行英语口语交流时主观表达思路是否清晰，是否能够依据情景转化或事实发展脉络，理清其中的文化思想。在跨文化交际的翻译壁垒中，往往并非学生的阅读理解能力或听力能力不足，导致翻译结果差强人意，而是由于学生界定文化现象的表达能力不足，而限制了翻译效果的丰富性。因此，在英语翻译人才培养目标中，学校必须在以往的阅读理解能力中附加表达力的实践教学指标，从而培养学生的个人口语表达力，训练其翻译精准度和标准化。

（三）培养敏锐的洞察能力

洞察力是附加于解读力基础上的特殊翻译能力。洞察力特指那些并不容易被发现的翻译漏洞或语病是否被学生快速发现。在英语翻译中往往由于学生疏忽大意而造成翻译内容的精准度下降，其关键点便是洞察力不足。解读力与洞察力本身也是相辅相成的互动机制，洞察力越强，学生的解读能力就越高。反之，洞察力弱，学生的解读力也会相对弱化。因此，在文化转向的视角下，进一步开发学生对于翻译文本的解读能力，有助于加强教学效果，培养学生对于诸多文本内容的翻译能力。而借助洞察力的培养也是对于学生解读能力的重塑，有助于进一步增强学生翻译能力的细节化处理效果。

（四）培养交际翻译的能力

通常情况下，英语翻译表面意思都可以通过语义翻译理论来得到，其更深入的扩充意义是离不开交际翻译能力作为其根本的，可以对不同文化翻译要关注的关键点有一个适当的领悟。目前，"地球村"这一理念愈发被大众所认可，在不同国家之间的文明、政治、经济交流愈加频繁的环境下，英语翻译更加需要交际翻译能力对语言、意义、思想有一个合理的转变，不仅可以让别国人员感受到对其国家文明的敬意，还可标明其语言当中的含义，对于构建良好的合作体系有着推动作用。英语反应对于交际翻译能力的合理使用，可以增加翻译的精确性，对于建立优良的国际关系有着积极的促进作用。

培养学生交际翻译的能力可以保障翻译的可靠性。国际活动的开展需要不同文化背景的参加者，在文化具有差异性的环境下进行英语翻译工作就要注重交际翻译能力的提升。英语翻译在运用交际翻译能力时，可以将原文本中的主要含义进行合理的表述，让阅读者通过译文与原文本的对比形成一致的领悟及表述效果，提高交际的流畅性。因此，英语翻译必须加强对于不同文化的掌握理解，尽可能地去避免出现文化阻碍。在进行翻译工作时，一定要对翻译的语言进行恰当的灵活变动，保证译文的合理性。

培养学生交际翻译的能力是翻译使用专业语言的保证。英语在国际交流中，应该保障对于专业单词的合理使用。其主体包括了海量的展业单词以及富有商务内涵的复合词和简略词等。因为，有些词汇其本身所具有的意义是多样化的，仅仅运用语义翻译进行翻译，可能会出现难以理解或误导的状况。在商业英语反应中，对于交际翻译能力的运用，就要保障其翻译词汇的专业性。

二、翻译人才培养的模式

（一）国际化翻译人才培养模式

1. 采用形式多样的教学方法培养学生的思辨能力

在英语教学中，除了常用到的任务型教学法、探究式教学法以外，英语教师还应不断运用新的教学方法来激发学生的学习兴趣，培养学生的思辨能力。例如，"Think-Pair-Share（TPS）"方法，它是提升学生口语表达、思辨能力以及课堂参与的有效方法。

在英语课堂教学中，我们可以分四个步骤来实施这种教学方法。第一步，教师给定一个所授课文中的主题词或提出一个与课文内容相关的思辨性问题，鼓励学生独立思考，并进行头脑风暴。学生在 5 分钟内写下能联想到的任何词语或观点，或绘制简单的思维导图。第二步，两位同学一组，在 10~15 分钟内自由交流各自观点，丰富对主题词或问题的认识。第三步，教师抽查讨论成果，被抽到的同学，和全班同学分享自己的想法、从同伴处获得的新知以及两人合作后的成果。第四步，教师进行补充梳理，并总结点评学生呈现的成果，从而引导学生进一步思考。这四个步骤环环相扣，相辅相成，共同促进班级的每位学生在成果展示中提升语言组织和表达能力，在独立思考和观点碰撞中提高思辨能力，在协同合作中共享学生的快乐并积极参与课堂互动。

在英语学习中，学生们一直饱受背单词的困扰。词汇学习情景法是解决学生们这一痛点的好方法。词汇学习情景法是指教师鼓励学生通过发散思维以及设定情景设定的方式来记忆单词的教学方法。在课堂上教学中，我们可以分单词识记、创设情境、增补词汇知识这三步来实施这种教学方法。第一步，鼓励学生自学单词的语音、词性、释义以及例句，自主完成单词识记任务。在课堂上，采用测试题或口头问答的形式检查学生自学情况，并对存在的问题予以指导。第二步，在学生基本掌握了自学词汇后，创设一个具体情境，激发学生应用词汇的兴趣。在学习的初期，情景创设人主要是老师，而后可以放手交予学生承担。在创设的情景中，学生可以更好地理解词汇及其用法。第三步，在单词识记和创设情景的基础上，学生已经基本熟悉所要学习的单词，进而可以由学生自己补充与所学词汇相关的词缀词源以及相关文化知识，以此进一步提升学生的词汇水平。在英语教学中，情景创设有助于学生理解记忆知识，激发学生的学习兴趣，提高学生的课堂参与度。

2. 教材编写侧重训练学生的交际能力

教材编写内容侧重训练学生的日常交际能力，确保材料的语言难度适中，符合大学生的认知水平，注意控制生词比率。练习难度要有一定的递进，注重形式多样化，可以更多参考四级和六级题型。阅读练习的考察层面应分为宏观题和细节题。宏观题主要从主旨大意、文体风格和段落大意入手。词汇练习的考察层面应包括词义、词和短语的用法以及构词法等。用于练习的句子要有设定语境，增强语言的实际运用而非机械操练。口语活动要更好地结合专业话题，训练学生在专业场景中的交际能力或进行与专业话题紧密相关的内容讨论。此外，增加教材中文化板块的比重，凸显中国文化元素，帮助学生提高文化自信，讲好中国故事，体现课程思政。在主题方面的选择要深挖文章中的文化元素，从中选择一个文化点进行拓展，阐述相关的中国文化内容，探讨其背后蕴含的文化内涵。选材的角度可以包括中国传统文化故事、中华传统文化思想和中国当代文化等。教材中文化板块的呈现形式可以是短文章和短视频。练习形式主要以产出任务为主。基于材料设计，引导学生理解、内化中国文化的相关内容，并能进行相应的观点输出。产出任务首先要搭建内容理解脚手架，帮助学生理解材料内容。脚手架的形式可以是多种类型，包括匹配、完成句子、排序、回答问题以及总结大意等。产出形式根据任务的难易程度可分为复述、总结、讨论以及介绍等。内容理解脚手架与产出形式可以自由组合，保证难度的循序渐进，形式的丰富多元，课堂的强实操性。

3. 注重创新型国际化英语人才的培养模式

随着全球经济的飞速发展以及科技革命的日新月异，人才培养的方向越来越朝着复合型、跨学科方向发展。在这一大背景下，高校应该明确新的国际化人才培养目标，打破学科壁垒，实现学科之间的相互交叉融合，形成以英语为基础的新的交叉型专业方向，培养科学素养、人文素养、审美素养于一体的并且具备跨学科知识体系的"懂语言、通国家、精领域"的新型英语人才。高校在设立跨学科交叉新专业时，应该充分考虑自身办学实际情况，合理规划，充分论证，不断创新，彰显特色。高校可以通过英语学科内部不同方向的交叉、英语学科与其他人文或社会学科的交叉、将新媒体等新方向融入英语学科发展等方式，逐步实现本学科内涵式建设，为新型英语人才培养提供跨学科的发展平台。在国际化人才培养层次方面，高校应当实行英语人才的分类分层培养。通过遴选不同专业的优秀教师，为学生配备"一对一"课程学业导师，提供多样化的专业课程、国际课程和海外进修机会，通过精心策划研讨活动和参观访问等方式，着力实现学生科学素养、人文素养、审美素养以及实践创新能力的全面提高。① 同时，进一步完善课程体系，为学生提供个性化、多维度的培养途径，培养符合国家和社会需求的翻译、国际组织以及外事外交等不同类型的国际化人才。

4. 整合丰富的本土文化学习资源

在英语学习中，教师除了完成课程内容的讲授之外，还应为学生提供丰富的学习资源，以提高学生的学习热情，这些资源包括 The Economist，TED 等。此外教师更应侧重向学生推荐介绍本土文化的学习资源，如《你好，中国》《四季中国》等。《你好，中国》（Hello China）选取了 100 个代表中国传统文化精髓的汉语词汇，从不同角度反映中国文化的博大精深，加深国外民众了解中国和中华文化。《你好，中国》由电视系列片、图书以及学习网站三种不同媒体形态呈现。这三种不同形态的产品分别承担的教学与传播功能，可以满足不同习惯学习者的需求。《四季中国》（Seasons of China）则是由新华社 CNC推出的大型纪录片，历时两年，跨越全中国 24 个省区市。为寻找二十四节气对当代中国的影响，摄制组探访中国的至北村寨漠河，至南城市三亚，体验45 度高温的重庆，零下 30 摄氏度的哈尔滨。1 500 小时高清拍摄素材，24 集各异的精美传统中国风动画，是全景呈现中国风貌的良心之作。这些学习资源有助于学生用英语讲述本土文化，将中华优秀传统文化发扬光大，讲好中国故事，实现文化自信。

（二）项目融入式应用型翻译人才培养模式

项目融入式翻译人才培养模式的教学特点是以项目为核心安排教学内容、组织教学活动。传统的翻译教学，一般是师徒相授灌输式的学习，教师是教学活动的中心，学生处于被动地位。项目融入式翻译教学，学生是教学活动的中心，教师只起引导和促进作用；让学生做中学，边做边学，进行探究性学习，培养其自主学习和合作学习的能力。具体来说，翻译实践类课程可运用真实的或模拟真实的翻译案例或翻译项目于教学，按实际翻译项目管理流程操作；翻译理论类或技能类课程可将教材内容改编进行项目化设计，以完成项目的方式进行翻译理论知识或翻译技能的学习。学生以小组为单位课前完成项目，课上进行项目汇报和总结，教师进行项目点评和以项目为基础的翻译理论知识或翻译技能的讲解。充分利用现代信息技术、多媒体和网络的便利性，进行课上课下、线上线下、翻转课堂、多模态等多种方式进行混合式教学。

---

① 王雪梅. 全球化、信息化背景下国际化人才的内涵、类型与培养思路——以外语类院校为例[J]. 外语电化教学，2014（1）.

相对于传统翻译人才培养模式而言，项目融入式翻译人才培养模式在教学理念与教学方式等方面有很大的不同，无论是教师还是学生都需要做出很大的调整。同时任何新事物的发展和接受往往都不是一帆风顺的，因此项目融入式翻译人才培养模式在具体施行过程中会面临诸多问题。

1. 对学生的挑战

摆脱对传统教学方式的依赖。传统的翻译教学即以教师讲授为主的教学模式下，学生课上主要是带着耳朵听，师生互动、生生互动毕竟有限，而且即使有作业一般也是学生独立完成，无需小组合作。大多数学生早已习惯了这种教学方式。而项目融入式翻译教学模式需要学生课下以小组为单位完成项目，这就要求学生课下需花费一定的时间和精力，增加了学生的课外学习负担；项目完成过程中必定会遇到一些问题和障碍，问题的解决需要团队成员集思广益，发挥多方面的才智、利用多种途径去解决问题，需要学生具有较强的积极性、主动性和创新性；要顺利完成项目，小组成员间必须有效分工、互相沟通交流，这要求学生必须具备一定的团队合作精神和沟通协调能力。项目融入式翻译人才培养模式下的翻译学习对学生来说是高强度、高负担、高要求、高标准，因此有些学生存在抵触情绪，对传统教学方式有依赖心理。

2. 对教师的挑战

业务能力和管理能力的提升。相对于传统的人才培养模式而言，项目融入式翻译人才模式对教师提出了更高的要求。本科翻译专业作为高校的新兴专业，其教师大都是来自传统的英语专业教师，这些教师习惯了英语专业的传统教学模式，即更多地关注语言教学，重视学生语言能力的提升，但是对翻译专业教学经验不足，而且自身翻译实践能力薄弱。项目融入式翻译人才培养模式下的翻译教学要求教师不仅需要过硬的语言能力、专业能力、翻译实践能力，而且需具备较强的翻译技术知识和项目管理能力。任何一次翻译项目的开展，从项目的选定、项目设计、项目执行、项目汇报和总结，每一步都需要教师的精心策划和安排。同时还要对每一次翻译项目进行画龙点睛的点评，融教学内容于翻译项目中，通过翻译项目进行翻译知识和理论的传授，这对教师来说是个巨大的挑战。

（三）本地化翻译人才培养模式

1. 行业——做好人才培养的风向标

作为人才需求方，本地化行业直接接轨市场，掌握着行业发展的动态，可以为政府相关决策提供依据，也为高校人才培养指引方向，是人才培养的风向标。要想做好风向标，自身一定要做到规范化和标准化。实践证明，行业及行业协会可以通过制定和推广行业规范和标准来加强行业自律，规范行业行为，通过举办学术及行业交流活动促进信息共享，推动行业发展。此外，由于行业直接接轨企业和市场，可以展开行业调查，为政府决策及高校人才培养提供依据和指导，进而做好人才培养的风向标。

2. 学校——做好人才培养的主力军

作为本地化产业链中的上游，高校为本地化行业的发展提供智力支持，是本地化人才培养的主力军，因此高校的人才培养计划要能适应行业的需求。就目前形势来看，高校应主要从以下两个方面改进以应对本地化发展需求。首先，课程体系需不断完善。人才培养模式中最重要的因素始终是与培养目标紧密关联的专业设置、课程体系结构和教学管理机制。因此，高校首先要做的就是明确人才培养目标，将本地化的需求纳入培养目标当中，进而渗透到课程体系当中。苗菊认为："本地化翻译人才是要适应社会对职业化译者的需求而进行培养的，本地化翻译人才的培养目标，既包括语言和翻译方面的能力，也包括技术和管理方面的能力。"[1] 因此，高校课程体系设置中要融专业性与行业性为一体，设置翻译能力课程和技术管理能力课程，除此之外，作为职业化译者，还要具备相当的职业素养，因此翻译职业教育课程也是必不可少的，因此，本地化人才培养课程体系至少应该包括三个模块：翻译能力+技术管理能力+职业教育。

其次，师资建设要双管齐下。师资匮乏是本地化翻译人才培养中的一大障碍，这种匮乏不仅仅是数量上的不足，还表现在经验上的缺乏。本地化翻译人才的培养对教师提出了更高的要求：既有翻译实践经历又有翻译教学经验，既具备翻译技能又具有本地化产业技术，这样的人才非常稀缺，要解决这一问题，必须做到双管齐下。一方面，高校要做好人才储备，可以立足现有师资，通过对他们进行专业培训，派遣他们去专门的本地化公司进行实战锻炼，以获取实践经验，并且深入行业，了解行业动态及行业规范。另一方面，在人才储备没有完成之前，还可以借鉴国外大学的做法，聘请本地化行业中拥有实践经验的从业人员进入课堂，在教授学生本地化课程的同时，还可以给学生灌输行业理念和规范，避免教学内容与实践工作脱节。

3. 国家——做好人才培养的后盾

学校教育是本地化翻译人才培养的主要渠道。职业培训在本地化人才培养中的补充作用也是不可小觑的，可以弥补学校教育的不足，职业培训机构可以与学校联合，由高校提供基础翻译能力，后期的专业技术及职业教育可以由职业培训机构提供，这样一来，就可以根据企业的实际需求，有针对性地培养本

---

① 苗菊，朱琳. 本地化与本地化翻译人才的培养 [J]. 中国翻译，2008（5）.

地化人才。而且，学生也可以在真实的翻译项目环境中积累经验，体会职业译员的经历，为他们将来走向工作岗位做好过渡。

除此之外，国家还要不断健全资格认证。从业资格是对从事某一职业所具备的学识、技术和能力的基本要求和起点标准，各行各业都有各自的执业证书，目前的翻译专业资格水平考试（CATTI）即是国内最具权威的翻译专业双语互译能力和水平认证，也是聘任翻译专业技术职务的必备条件之一。要想使本地化翻译向职业化迈进，让本地化翻译成为一种被广泛认可的职业，资格认证也是必不可少的。国家有关部门可以在 CATTI 的基础上设置专门面向本地化翻译人才的考试，一方面是对本地化翻译人才从业资格的认证，设定从业人员的入行门槛，避免鱼龙混杂，从而更加规范从业要求；另一方面，也是对本地化翻译从业人员社会层面上的一种认可，这样也会使本地化翻译人员对自己和自己所从事的本地化翻译工作更有信心。

第二节　英语翻译人才应具备的能力

一、笔译能力

（一）笔译的特征

1. 笔译中的思维转化

笔译的过程也是思维转换的过程，在对笔译的研究中很多人把目光聚焦到了译作上，而不是把笔译看作是一个过程来研究。其实笔译的整个过程是一个比较复杂的认知过程。笔译看似是两种语言符号的转换。但其实整个过程是译者认知思维转换的过程。以一种语言文化去转换另一种语言文化，这个过程非常困难。这是因为思维是抽象的，人们是通过语言来传递自己的思维。而笔译工作者则需要通过文字去推测原作者的思维，而且语言的语义存在着不确定性，所以对于英语专业的学生而言，笔译中思维的转换将会为其带来很多困难。

2. 文化因素

在笔译中文化因素有着非常重要的地位，尤其是对文学作品进行笔译的时候，文化因素的地位非常的凸显。对于英语专业的学生而言，他们要想成为一个成功的笔译人员，相比于双语能力，文化能力更加重要。不了解西方国家的文化，在进行笔译的时候将会出现很多错误，甚至是闹笑话。

3. 主题知识

在笔译的实际操作中，主题知识占的地位也比较突出。英语专业学生毕业后从事专业的翻译工作，在进行笔译的时候，将会遇到各个行业的翻译工作，比如商务、法律、旅游等等。而不管是对哪个行业的相关资料进行笔译的时候，都需要了解这个行业的主题知识。

（二）笔译能力的培养

1. 储备各种专业知识

翻译涉及多个专业和领域，如商务领域、旅游领域、新闻领域、法律领域、文学领域等。每个领域都有其特有的专业知识或规则，如果译者对这些专业知识知之甚少或一无所知，就难以准确进行翻译。因此，译者必须有意识地扩展自己的专业知识，提升专业水平。

2. 培养良好的学习习惯

笔译能力的培养是一个长期的过程，需要平时一点一滴积累。笔译学习不是文化课学习，它需要夯实的双语基础，也需要宽广的知识面。这就需要英语专业的学生端正学习态度，培养良好的学习习惯，注重平时知识点的积累，从而稳步的提升笔译能力。

3. 熟练运用翻译技巧

要想做好翻译工作，熟练运用各种翻译技巧和策略是非常必要的。要熟练运用翻译技巧，译者需要做如下两个方面的努力。

第一，系统地学习翻译理论知识。掌握系统的理论知识是进行翻译的前提和基础。因此，译者要注重对翻译理论知识的学习，在学习中系统分析和总结相关的翻译技巧与策略。

第二，加强理论联系实际能力。翻译是对译者理论联系实际能力的考验，这就需要译者用正确的理论指导翻译实践，多学习一些翻译名家的范文，经常进行实践，坚持在翻译实践中学习翻译理论，不断总结经验，在翻译实践中不断完善和发展翻译理论。

4. 灵活运用各种工具书

翻译涉及的知识门类非常广泛，对译者的综合能力要求很高，但一个人的知识储备与记忆能力毕竟是有限的，不可能掌握翻译工作要求的所有方面的知识，这时工具书的查阅就显得尤其重要。翻译常用的工具书一般包括词典、翻译类词典、文学词典、专业术语词典、百科全书等，译者应当根据翻译情况灵活加以运用。

此外，随着科技进步与网络、通讯的发展，许多字典与书籍上没有收录的新名词不断涌现，在这种情况下译者必须及时更新自己的知识储备，掌握通过先进科技设备（如电子词典、网络等）寻找答案的方法。

5. 增加实践训练

从本质上而言，笔译属于翻译活动的重要组成部分，它是一种实践性和创造性都很强的翻译活动。实践训练是笔译能力提升的重要途径，也是掌握笔译技巧的重要举措。随着笔译能力日益受到重视，实践训练也受到教育者的广泛关注。实践训练不能一味地追求数量，而应该根据自身学习情况科学选择实践训练材料。如果实践训练材料过难或过易，都不利于学生兴趣的激发和能力的提升。需要指出的是，在进行笔译实践训练过程中，学习者可以选择一些有参考答案的翻译材料，在自己完成笔译之后，可以将自己的译文与参考答案的译文进行比较，从而发现自己在笔译过程中存在的问题，并不断解决问题，从而不断提高自身的笔译能力。此外，学习者在进行笔译实践练习的过程中还应该遵循循序渐进的原则，应该在学好本专业知识的基础上，再向商务英语、科技英语等方向延伸和拓展，这样才能掌握好本专业的基础知识，在实践训练中掌握笔译技巧，提升笔译能力。

二、口译能力

（一）口译的特征

1. 即席性

即席性，实际上就是人们常说的在场性。任何形式的口译都具有这一特征。口译同笔译一样，都是翻译活动的重要组成部分。要想提高口译能力，就应该不断锻炼自己的口语能力和表达。口语强调的是资料整理、语言表达的有机统一。口译不仅对译者的翻译能力提出了很高的要求，也对译者的思维以及记忆能力、洞察能力、表达能力等提出了很高的要求。

2. 准确性

口译在实践中还体现了准确性的特征。准确性，不仅强调内容理解、翻译的准确性，还强调内容复述与表达的准确性。译者在听的过程中要对说话者所说的内容进行理解和记忆，尤其是一些专业词汇、专有名词等都要准确理解和记忆。在准确理解的基础上，译者还应该用正确的语言将其表述出来，这就涉及表述的准确性。只有这样，才能将说话者双方所要表达内容、思想和意图准确复述出来。

3. 复杂性

口译同笔译一样，都是实践性很强的翻译活动。这就对口译工作者提出了更高的要求。要想成为一名优秀的口译工作者，就应该理解专业知识，了解其他相关学科知识，不断提高专业技能。同时，口译工作者还应该提高自身素质，提高组织能力、理解能力、表达能力等。专业知识涉及的范围十分广泛，这就需要口译工作者在日常生活和学习中多积累、多整理、多掌握，从而能够将这些专业知识灵活地运用到口译实践中。

除此之外，英语口译实践中还包含着大量的专有名词、地名、人名等，这些词汇在很大程度上增加了口译的难度。口译工作者应该注重对这些专有名词的理解，处理好语言因素与非语言因素之间的关系，从而在口译中能够发挥语言优势和非语言优势。

综上所述，口译工作并不是一项简单的活动，而是一项十分复杂的活动，对译者知识、技能、思维、能力提出了更高的要求。

（二）口译能力的培养

1. 强化口译训练的主体地位

众所周知，应试教育强调的是教师的主体性，忽视了学生的主体性地位。随着素质教育理念的实施，教师不再是教学的权威者，而是扮演者引导者、设计者、组织者的角色。学生也不再被动地接受知识，而是占据主体地位。这就要求英语教师要以学生为中心，根据学生的实际情况开展口译训练活动，鼓励学生与其他同学、教师进行交流与互动，这样可以促进学生口译能力的提升。同时，英语教师还应该为学生提供口译训练平台，引导学生将已学知识运用到口译实践中。此外，英语教师还应该注重小组讨论，为学生学习口译创设良好的氛围和环境，从而使学生能够在情境中感知口译的魅力，从而不断激发学生学习口译的兴趣。

2. 较强的心理素质

口译工作都是临场发挥的，而且经常是在大庭广众下进行，因此译员应该面对众多的听众，加之口译译员责任重大，常常背负着沉重的工作压力，这些都要求译员必须具备良好的心理素质。对译员来说，无论遇到什么样的情况，都必须具有自我调节的能力，能够承受压力，克服紧张情绪，保持镇定，防止因情绪紧张而影响口译质量。译员可通过以下两个方面培养和提高自身的心理素质。

3. 注重词语积累与阐释，培养学生口译思维

由于思维方式、行为习惯、风俗人情等方面的差异，中西方文化也存在着很大的差异。在英汉文化差异影响下，口译工作者在口译实践中会面临着很多文化冲突和文化障碍。在这一过程中，非正式语言因素在其中起着重要的作用。在运用这些非正式语言的过程中，口译工作者必须了解英汉两种文化的差

异，掌握英汉文化互译的技巧，提高随机应变能力。这就要求英语教师要意识到非正式语言的重要性，增加浓缩语的内容，引导学生在日常学习中不断积累词汇，锻炼口译能力，注重学生口译思维的培养。

需要指出的是，汉语文化博大精深，内涵丰富，不仅涉及典故、歇后语，还涉及很多习语、成语等。即使同一词汇在不同的语境中也有着不同的意思。众所周知，英语和汉语是不同的语言，其属于不同的语系。在一些时候，英语和汉语中的一些词语是无法一一对应。这就需要口译工作者结合语境，从自己日常积累的词汇库中找到意思相近的词汇，从而将其恰当地表达出来。

4. 丰富口译教学方法，提升学生口译能力

翻译教学是一个复杂的过程，它不仅涉及词汇、语法、修辞、语用等知识，还涉及句子，尤其是一些长句、从句、复合句等的翻译更是在很大程度上增加了学生学习口译的困难。在翻译教学中，教师要重视句子的翻译，引导学生理解句子、处理句子，并运用正确的语法知识将句子的思想和主题表达出来。

第一，分析句子中的动词或连词，在必要的时候可以将其删减。英语和汉语在文化层面有着很大的差异。其中，句式结构有着很大的不同。在语言表达过程中，每个人的表达方式是不同的，有的人在描述的详细程度方面存在着一定的差异，有的人在语速上存在着很大的差异。教师要引导学生认真听对方的表达，如果在没有关键词，就应该结合自己对句子的理解、知识的积累以及经验总结，对句子中的关键词或空白进行补充，从而保障句子输出的完整性。

第二，译者在口译过程中并不是要一词不漏地全部翻译，口译对句子中的词汇进行取舍。例如，对于一些与主题关系不大、不言自明以及没有实质意义的词汇，译者就可以将其舍弃，省略不译，这样并不影响人们理解原文。在实际英语教学中，教师应该选择合适的教学方法对学生的口译学习进行指导。具体而言，一是精简性翻译。如果原句是一些短语从句，译者就可以采用精简性翻译的策略，将其以名词性短语的形式出现，这样可以使译文更加简洁，也更容易理解和掌握。二是总结性翻译。总结性翻译也是口译的常用策略之一。在口译过程中，每个发言人的语速、思维习惯、表达方式等存在着很大的差异，译者要结合发言人的语速、表达等选择恰当的方法。而总结性翻译有利于译者跟上发言人的节奏，因此在口译中比较常用。

5. 较强的理解和推理能力

口译人员往往在事先毫无准备或准备有限的情况下，即刻投入双语转码的临场操作。尽管译者会在提供口译服务之前做好一定准备，但实际的谈话内容往往会临时发生一些变化。这就要求译者必须具备较强的理解与推理能力，以便随机应变。良好的理解能力还要求译员具备很强的语言适应能力，即能听懂

带有口音的或令人费解的讲话。这就要求译员必须有扎实的语言功底和丰富的实战经验，并在工作中不断培养自身的逻辑思维能力。

6. 完善教学评价体系，优化课程设置

教学评价是英语翻译教学的重要组成部分，在英语翻译教学中起着不可替代的作用。众所周知，在传统的英语翻译教学中，英语教师以分数作为评价学生学习的唯一标准，这对学生的学习、英语翻译教学的发展都有着制约作用。因此，英语教师要转变传统的英语翻译教学评价理念，除了关注学生的成绩以外，还应该注重学生学习方式、学习思维、日常表现、出勤情况、参与活动情况、人际关系情况、表达能力、应变能力等的评价。综合性评价在英语翻译教学评价中起着至关重要的作用。因此，教师应该结合上述内容，对学生进行综合评价，从而促进学生的个性发展，使学生能够全面发展。

三、实践能力

（一）翻译实践能力培养的意义

在全球化背景下，世界各国之间并不是封闭的，而是相互交流与合作。在跨国的交流与合作中，翻译人才起着重要的作用。尤其是在跨文化交际时代，社会对翻译人才的要求也越来越高。然而，受之前应试教育的影响，我国很多学校的教育者仍然采用传统的教学理念，只注重考试词汇、语法、阅读的讲解。在日常教学中，教师引导学生多做练习，从而考出一个好的成绩。可以说，在传统翻译教学中，教师很少重视英语背后文化的讲解，很少重视学生语言表达能力和实践能力的培养。除此之外，很多学生在学习英语的过程中仍然采用汉语思维，受汉语思维的影响很大，在英语翻译实践中也尝尝受到汉语思维的干扰，从而阻碍了学生翻译实践能力的培养，进而导致学生翻译实践能力培养不容乐观。因此，重视学生翻译实践能力培养是教师必须重视的问题。

在跨文化背景下，翻译专业学生必须学习和理解英语以及背后的文化，同时也不能忽视汉语及其汉语文化的学习。只有注重英语文化和汉语文本的学习，才能更好地理解和翻译英语文化，才能促进中国文化"走出去"。这就要求翻译人才要注重语言知识的理解和积累，注重语言文化的比较和辨析，从而真正理解英语和汉语之间的差异。不仅如此，翻译人才还应该掌握翻译的方法和技巧，能够将源语信息准确表达出来，从而适应跨文化交际的发展。

除此之外，还需要指出的是，在全球化和多元化的时代背景下，翻译人才的竞争越来越激烈，要求也更加多样化。如果翻译人才只掌握理论知识，就很难适应当今时代的发展。只有理论知识扎实、实践能力强的翻译人才才能适应跨文化交际的发展。这种理论与翻译实践能力相结合的翻译人才培养是当今时代的要求，也是应用型人才培养的目标。可以说，翻译人才的实践能力，在跨文化交际中起着不可替代的作用。因此，教师应该重视翻译人才实践能力的培养和提高。

（二）翻译实践能力培养的策略

1. 丰富课程体系

翻译实践能力的培养离不开课程体系的支持。教师应该重视课程体系的构建和完善，突出学生的主体性地位。具体而言，教师要转变课程理念，重视教学过程，坚持以学生为中心进行课程的开展。同时，教师要改变课程教学方法和手段，采用情境教学法、探究式教学法、互动式教学法、混合式教学法，将翻转课堂、智慧课堂、慕课等信息化手段融到翻译课程建设中，以信息化促进翻译实践能力的提升。

2. 凸显特色优势

不同的学校都有各自的优势。在翻译人才实践能力培养过程中，各个学校应该充分发挥自身特色，借助自身优势开展不同的翻译实践活动，从而激发学生学习翻译的兴趣，进而提高实践能力。

3. 拓展实践平台

实践平台在翻译人才实践能力培养中起着重要的作用。因此，高校应该根据学生的职业需求，以及社会市场需求，对实践平台进行拓展。具体而言，第一，重视课外活动的开展，如翻译社团、口译比赛、翻译讲座等。第二，重视校企合作，开设一些实践模拟课程，发挥双师型教师优势，从而不断提高学生的翻译实践能力。

第三节 英语翻译人才培养存在的问题与对策

一、英语翻译人才培养存在的问题

（一）培养目标宽泛，与行业需求脱节

当前，社会上对高端翻译的人才需求量较大，但是我国培养翻译人才的方向与社会的需求不符，导致翻译人才数量虽多，但是满足社会需要的较少。

"通用型专业翻译人才"是国内大多数学校培养翻译人才的最终目标,但是该目标太过宽泛,导致翻译人员缺乏针对性。之所以会出现这一情况,其主要原因有两个。第一,各大高校对社会发展情况了解不足,不知道社会需要什么类型的翻译人才,也不知道什么样的翻译人才能够胜任一线翻译的工作,因而导致最终走出学校的翻译学生无法满足用人单位对翻译的要求。第二,高校与各个行业之间存在信息差,高校缺乏对各个行业的了解,虽然各个高校能够对学生进行专业的培训,但是却缺乏专业的知识。各行业机构虽然具备专业的知识,但是却没有翻译培训资源,学校与行业机构之间也没有建立合作关系,因此双方的资源还没有办法实现共享。

(二)培养理念陈旧,双师型师资缺乏

虽然我国的经济社会发展迅速,但是我国关于翻译人才培养的理念却没有随之发生转变,仍旧处于语言转换的层面。另外,由于部分高校培养翻译人才的理念没有进行创新,所以他们无论是制定的人才培养方案还是对课程设置的安排都沿袭了传统的习惯。教学内容也缺乏系统性,一切都按照教师的喜好进行。由于对翻译人才的培养规划并不是按照社会对翻译人才的需求设定的,而是依据教师的个人观念设定的,所以在这种模式下培养出来的翻译人才虽然具备一定的翻译素养和翻译知识,但是却缺乏行业知识,无法满足行业对翻译人员的特定要求。另外,我国高质量的翻译教师缺口也较大,多数教师专业水平较低,教师的数量也比较少,这些都对翻译教学的发展造成了一定的阻碍。

(三)教学手段单一,无法调动学习积极性

目前,国内院校在实际翻译教学中,受传统教学模式和教学思维的影响较严重。英语教学以教材为主,多采用理论灌输的方式。部分院校虽然进行了教学创新,但成效小,整体教学方式仍显陈旧死板。多数教教师采取"填鸭式"的授课方式,机械地为学生讲授固定的理论知识,技能训练和知识学习相脱离。翻译能力的培养不仅仅是让学生记忆固定的知识,而是需要将所学知识融会贯通,更流畅地进行英语表达。以教师为主导的教学方式阻碍了学生学习的积极性和主动性,最终限制了英语翻译的实际应用能力。

(四)偏重英语能力,缺乏母语文化素养培育

由于翻译活动就是实现两种语言的相互转换,为了使语言的转换更流畅、准确,翻译人员需要具备译入语言和译出语言的文化素养。然而,在现实对翻译人才的培养过程中,我国过分关注对翻译人员英文素养的培养,忽视了对其

汉语素养的培养。很多翻译人员的汉语语言文化素养十分薄弱，特别是与中国的传统文化和中国的古代文学相关的内容，他们在学校中也很少涉及。所以，很多翻译人员虽然具备很强的英语表达能力和英语理解能力，但是对汉语的翻译和表达却存在很大的欠缺。这就导致翻译者在进行翻译的时候，由于缺乏汉语素养，很多词汇和句子翻译的不标准，甚至会出现翻译腔，大大降低了翻译的质量。还有的翻译者对翻译的内容理解不到位，导致翻译出现错误。以上种种都是当下我国翻译发展面临的重重阻碍。

（五）实践教学不足，校企合作重视力度不足

培养翻译人才的关键是对其开展实践教学，这也是提升学生翻译能力，最直接、最有效的方式。最近几年，我国对翻译人才培养的重视度有所提升，翻译人才的质量也得到一定的提高，但是需要改进的部分仍旧很多。最突出的是，课程模块的设置缺乏合理性创新性，无法适应时代发展的新要求；学生理论学习实践和实训时间分配不均，学生能够参加实践的机会太少；考核体系不够科学，忽视了对学生学习过程的考核；有的学校由于资金匮乏导致基础设施不完善，无法开展翻译实践活动等。除了以上内容外，由于很多高校受资金和场地的限制，与企业之间没有建立良好的合作关系，导致校企合作没有实质性的成效，无法给翻译实践教学提供助力。

（六）教学内容落后，无法满足实际需要

教师开展教学活动的依据是教学内容，因此，选择合适的教学内容有利于提高翻译教学的效果。但是，当前的教学内容存在很多的问题，需要对其进行改进。首先，多数高校使用的教材由于长期缺乏创新，导致其无法满足当下社会发展的需要，很多新出现的词汇并没有收录到教材当中，导致教材与社会的发展没有保持同步。其次，编写教材的人员水平有高有低，导致教材的质量也参差不齐，对翻译人才的培养产生了阻碍。最后，英语翻译仅进行理论层面的教学是不可以的，它还需要学生进行大量的练习，但是很多学校的实践教学多是应付形式，导致很多学生丧失了锻炼的机会。如今，随着时代的发展，社会更加关注英语翻译是否具有较大的实用性，但如今的教学内容却与社会的现实需求不符，所以学生的翻译能力也无法得到有效提升。

（七）职前教育缺失，行业规范与道德意识淡薄

近年来，我国的翻译开始向着职业化的方向发展，因此，为了适应我国翻译的发展方向，我国对翻译人才的培养也开始向职业教育的方向发展。但是，

我国的课程设置仍旧需要进行改革。因为翻译专业的课程忽视了对学生入职前期的教育，例如翻译职业道德素养、项目管理等方面的课程在高校的翻译课程中很难看到。由于在人们的传统观念中，翻译的内容就是实现两种语言之间的转换，在以往的翻译教学中，人们更关注对学生翻译技巧的传授，基本不会对学生进行翻译职业教育。因此，很多学生在入职初期需要对工作进行一定时间的适应，然后才能开展工作。

二、英语翻译人才培养的对策

（一）注重培养目标，与行业需求相联系

经济社会的发展对翻译人才的要求也变得越来越多样，因此，高校在培养翻译专业人才时，要以社会发展的需求为导向，使其能够满足市场的需求。培养者在制定培养策略时要先进行市场调查，了解市场的需求，然后根据调查的结果再结合自身的办学优势确定最终的培养方向。另外，高等院校还要与各个行业机构之间建立良好的合作关系，让他们充分发挥各自的优势，共同提升对翻译人才的教育质量。高校在制定翻译人才培养方案时不能盲目，要综合多方面的因素，特别是行业机构中会应用到的专业知识，在这种方案下培养出来的翻译人员才能更贴合当今社会的要求。

（二）创新培养理念，加强师资队伍建设

翻译师资培训是翻译教学成功的关键。[①] 加强对师资队伍的建设有利于解放教师队伍的思想，对传统的翻译教育理念进行革新，创造更符合社会发展的翻译人才培养模式。高校对翻译师资队伍进行建设不要局限于一种方式，可以将多种方式相结合。首先，高校可以先对本校的教师进行培训。在本校教师中选拔优秀的教师，然后再对其进行进一步的培养，然后让其带领团队一起发展。将培养带头人和优秀教师放在首位，选择多种方式实现教师的全面提升。为教师创造出国深造和进入企业实践的机会，使教师在各类实践活动中得到提升。其次，高校可以对自身的情况展开综合性的分析，然后再根据分析的结果引进优秀的翻译教师到本校任教，或者聘请翻译企业中的优秀工作人员到本校认知，以此推动本校教师结构的优化，打造专业化较强的翻译教师队伍。

---

① 鲍川运．翻译师资培训：翻译教学成功的关键［J］．中国翻译，2009（2）．

（三）丰富英语翻译教学手段，调动学生积极性

教学方法也能够对教学效果产生直接的影响。如今，英语翻译教学不能再继续使用老一套的教学方法，而是要对教学方法进行创新，让其既能够满足当下社会发展的要求，也能够适应学生的学习特点。首先，将情景化教学应用到英语翻译教学之中。所谓情境教学就是模拟各种场景，通过这些场景来向学生传授教学的内容。例如，教师可以围绕某一主题创建一个对话的情境，让学生根据在该情景中进行翻译练习，以此来提升学生的翻译技能。其次，发挥团体的作用，组织学生进行团体教学。该教学方式就是先选择与教学内容相适应的话题，然后围绕该话题带领学生进行翻译的学习。在团体教学中，学生的主体优势被凸显，学生主要是进行自主学习，因此学生的自主学习能力也得到了提升。例如，在进行团体学习之前，教师会先对学生进行分组，每组学生约 5 个人，然后再根据小组成员的翻译水平布置翻译任务，引导学生进行小组合作，完成翻译任务。由于小组学习对学生的限制较小，学生可以畅所欲言，所以学生能够在这个学习过程中获得更多的体验感，翻译能力也会随之提升。

（四）优化课程设置，重视母语语言文化素养

如今翻译已经成为对外文化交流中传播中国声音、讲述中国故事和展示中国形象的重要媒介，而提高自身的母语素养，变单向语言文化输入为双向语言文化能力平衡发展是译出优秀译文的重要保障；译者的母语文化认知水平和深层次的母语解读能力是成为高素质翻译人才的前提条件。[①] 基于此，我们不仅要提升英语素养，还要提升母语素养，让更多的中国优秀传统文化传递给全世界。在日常的翻译教学中可以增加与母语相关的课程，例如阅读课程和写作课程，以及弘扬中国优秀传统文化的课程等，以这种形式为学生提升母语素养的机会。另外，教师要引导学生正确认识本土文化，提升学生的文化自信。

（五）深化校企合作，协同创新翻译实践教学

培养翻译人才的关键是培养翻译人才的应用能力和实践能力，而培养这两方面能力的方式主要是翻译实践教学。各院校要加强基础设置的建设，组建完备的翻译实训室。另外，现在信息技术已经应用到各行各业，所以可以将信息技术引入到翻译实践教学中，实现线上教学和线下教学的有机结合。有的翻译企业会招募在线实习生，对于那些地理位置比较偏远的学校来说，他们就可以

---

① 冯为兰．译者的母语素养［J］．上海电力学院学报，2015（11）．

与这类招募线上实习生的企业进行合作，让学生获得实践的机会，以此来提升学生的实际应用能力。另外，如果院校所在地区也有翻译企业，那么院校就可以与这些企业建立友好的合作关系，让学生既能够在学校学习理论知识，也有地方参与实践。这种合作方式既让学生提前了解翻译企业的工作流程，也为学生接下来的翻译学习提供了方向。

（六）优化课程设置，优化教学内容

虽然高校翻译教学课程给学生教授的内容相对来说比较丰富，但是对满足当今社会对翻译人才的需求还有一定的差距，因此，翻译教学课程的设置还需要继续改革。翻译教学不能脱离培养外向型企业人才的目标，要重点培养翻译人才的翻译能力。针对这一情况，教师要在选择教材时慎重考量，要让教材能够为翻译教学主体的内容服务，同时，教师在讲授的过程中要与社会现实相结合，将当下使用比较普遍的翻译术语传授给学生，让学生有一个较为完整的翻译知识结构。另外，教师要充分发挥互联网的优势，利用网络给学生拓展相应的翻译知识，向学生介绍当地的文化背景，并且将拓展的知识与教学的内容融合起来。除了以上方式之外，学校还可以举办与翻译相关的活动，如英语翻译比赛、学术交流大会等，鼓励学生积极参与，让学生获得更多的翻译机会。

（七）引入行业规范，重视翻译职业道德教育

培养英语翻译人才，除了要向学生传授理论知识之外，还要加强对学生的职前教育，帮助学生提前了解翻译工作的内容，对翻译工作有一个正确的认识。另外，对学生开展职前教育，还有利于对学生进行职业道德教育，让学生树立正确的职业道德观念。学校对学生开展职前教育的方式有很多种，最基本的方式就是开设有关职前教育的课程和讲座，通过这种形式能够在潜移默化中提升学生的职业道德素养。另外，由于学生在毕业前期会陷入就业的迷茫之中，因此，学校应该开设一门翻译就业指导课，通过这门课程，学生可以了解翻译公司的工作内容和翻译职业的发展前景。让学生尚未步入社会就提前了解岗位的属性以及岗位所需要的技能，缩短了学生入职之后的适应时间，翻译人才也能够更满足翻译公司的用人要求。

第四节　当前英语翻译人才培养的方向
——复合型人才培养

一、复合型英语翻译人才培养的必要性

（一）翻译人才市场的需求

由于英语属于语言的一种，因此我们常常看到英语与文学、语言学等学科相结合。人类社会的发展离不开文学与语言学，所以从事这类专业的人才不仅要研究自身的专业，还要根据本身的专业展开教学活动，但是并非所有的人都能参与到科研和教学活动当中，因为人类社会对这些人才的需要是有限的。在经济全球化发展背景下，国与国之间的交流越来越密切，市场对具备英语知识和其他学科知识的复合型英语翻译人才的需求越来越强烈。复合型翻译人才是指掌握两个或两个以上专业知识的翻译人才。① 但是，以往高校对翻译人才的培养标准并不符合如今的复合型英语翻译人才的标准。以往院校对翻译人才培养重点是翻译理论和文学翻译这两个方面。经济全球化的发展，减少了市场对文学翻译人才的需求，而对那些具备法律、金融、旅游等知识的复合型翻译人才有了较高的需求。因此，为了满足社会发展的需要，提高翻译专业学生的就业率，学校要及时调整翻译人才的培养方向，向社会提供高质量的复合型翻译人才。

（二）高等教育的发展需要

高校对人才的培养模式并不是一成不变的，而是随着时代的变化而不断发生改变的。在 20 世纪 90 年代以前，高校的英语专业对学生的培养重点是语言能力和文学知识，所使用的人才培养模式属于单一型人才培养模式。但是在 20 世纪 90 年代以后，特别是 20 世纪 90 年代中期开始，受经济发展的影响，用人单位对用人要求发生了很大的转变，因而高校对人才的培养策略也就发生了转变，开始重视对实用型人才的培养。另外，在同一时间高校还实施了扩招的政策，导致就业人数激增，增加了就业压力。由于很多学生面临着就业难的

---

① 周洵瑛，范谊. 英语专业复合型人才培养目标内涵与层次定位［J］. 外语界，2010（4）.

问题，在这种激烈的竞争之下，很多学术研究型翻译人才的就业空间再一次被压缩。而这一局面也进一步推动了高校对复合型英语翻译人才的培养。

（三）翻译行业发展的需要

受经济全球化的影响，我国翻译行业得到了迅猛的发展，翻译市场对翻译人才的需求量也急剧增加。当前，市场上的翻译人才普遍具有较高的学历，但是仍旧存在翻译质量低、翻译知识和技能的匮乏等问题。这些毕业于高等院校的翻译人才大部分无法合格地完成翻译企业交付的实用性文本。[①] 他们所掌握的知识基本都是与语言相关的知识，对于其他的知识他们知之甚少，多样化的翻译文本对他们来说是一个不小的挑战。为了降低高校学生在工作中的难度，高校需要调整人才培养模式，培养用人单位需要的翻译人才。

二、复合型英语翻译人才培养存在的问题

（一）培养目标不明确

由于我国很多高等院校对翻译专业人才的培养目标多采用定性描述的方式，对定量描述却没有具体的要求，这就导致学校在培养翻译专业人才时，没有结合本校的专业特色和当地对翻译人才的需求情况，翻译人才的培养无法满足市场对人才的需求。而且传统的翻译教学理念没有得到创新，仍旧重理论轻实践，导致学生没有机会参与实践活动，学生的实践能力得不到提升，市场对翻译人才的需求也得不到满足。

（二）师资力量较薄弱

师资队伍是培养翻译专业人才的中坚力量。但是，由于翻译专业在我国创建的时间比较晚，发展还不够成熟，学校教师的研究方向也多是语言学和文学，虽然和英语翻译专业有一定的联系，但是专业性还是不够强。这就导致教师在教学的过程中会出现分不清教学的难点和重点、实战经验匮乏等问题。

（三）培养模式较单一

目前，对学生的翻译教学大多还是在常规的教室展开，教师讲课的内容仍旧是以理论为主，学生的主体性不强，缺少参与实践的机会。另外，课堂的翻译联系内容仍旧没有更新，还是以文学体裁相关的内容为主，当前需求较多的

---

① 邱畅. 专业复合型英语翻译人才培养模式探析［J］. 沈阳师范大学学报（社会科学版），2015（4）.

金融、旅游、法律等方面的内容比较少。

三、复合型翻译人才培养的路径

（一）树立正确的培养观念

在建构合适的复合型翻译人才培养路径时，最重要的是要树立正确的培养观念。首先，教师在人才培养中发挥着重要的作用，因此教师要转变教育观念，要时刻关注社会发展的变化以及社会对翻译人才的要求，然后根据这些变化来制定自己的授课内容和授课模式。在传统观念中，教师所要培养的人才应该是学术性的人才，但是当下，社会发生了变化，翻译市场需要具有较强应用能力的翻译人才，因此不能再延续老一套的思想。其次，学生是学习的主体，所以学生自身也要转变学习观念。学生自己也要时刻关注社会对翻译人才的要求，然后根据市场的需求进行学习，以此来保证自己在竞争中的优势地位。当教师与学生共同转变观念，教师与学生才能相互配合，共同构建满足社会发展要求的复合型英语翻译人才培养模式。

（二）不断创新教学模式

在传统的翻译教学活动中，教师处于主导地位，学生只能被动地参与到学习中，传统的教学模式不仅没有调动学生学习的积极性，反而降低了学生对翻译学习的热情。因此，为了避免以上情况的出现，高校需要打破传统的教学模式，提高学生的主体地位，积极给学生创建实践的机会，为学生建立完善的实践基地，或者通过与企业合作的形式，让学生进入翻译企业进行实习。教学内容中除了涉及专业理论知识、笔译知识以及文本翻译知识等，还应当全面覆盖实践操作知识、口译知识、工程翻译知识、科技翻译知识、外事翻译知识以及商贸翻译知识等方面。① 教师在组织学生进行实践的时候既可以采用现实中的材料，也可以采用模拟的材料，要尽可能的真实，这样才能够提高复合型翻译人才培养的质量。

最后，学校要重视对师资队伍的打造，提高教师的教学能力和教学技能。这样不仅能够提升学生翻译学习的积极性和主动性，还能够提升学生的翻译能力。

---

① 罗慧芳. 社会组织在培养高素质翻译人才中的作用——以中国翻译协会为例 [J]. 中国校外教育（美术），2013（4）.

（三）完善课程教学体系

完善的课程教学体系有利于促进复合型翻译人才的培养。一般来说，课程体系通常会由三个部分构成，第一，英语专业知识；第二，翻译知识；第三，翻译技能。在这三个部分中，翻译知识包含的内容最多，除了与翻译相关的基础知识以外，还包括翻译教学策略、翻译基本标准课程活动等内容。其次，翻译技能的教学活动中除了向学生教授翻译技能之外，还向学生教授翻译工具的应用、防疫写作等内容。复合型翻译人才的教学培养体系就是将各个模块的知识进行有机结合，让翻译教学向专业化、科学化的方向发展。

课程教学体系的设计要围绕教学目标展开，而教学目标的设定要以社会对人才的需要为基础。只有这样，各高校才能够培养出满足社会需要的翻译人才。因此，学校在进行课程体系设计之前要先对社会需求展开调查，了解社会的需求，然后站在提升学生就业率的基础上进行课程设置的改革和优化，保证课程体系的合理性。另外，各大高校还要对自身情况进行综合分析，根据自身的师资情况和办学能力开办诸如商务英语、应用英语等专业性较强的学科。在教学实践中也要将本地特色融入进去，这样才能保证"服务地方经济"的人才观念顺利实施。

（四）扩宽翻译活动的实践渠道

培养复合型翻译人才的方式有很多种，因此学校对复合型翻译人才的培养不能只局限于课内的学习方式，还要积极拓宽翻译活动的实践渠道。学校可以积极拓展校外的实践渠道，让学生积极参与各类实践活动。翻译实践是翻译教学的重要组成部分，它是学生将理论应用于实践的主要方式，也是提升学生应用能力的重要途径。一般而言，翻译实践应当涉及三个环节，分别是课堂模拟、课后练习以及社会实践，以社会实践的价值最为显著，已成为锻炼学生操作能力和提升水平的根本性途径。① 基于此，学校应该将翻译实践活动和文化"走出去"战略有机结合，然后再将学校所在地区的经济和翻译教学的实践活动结合起来，最后再让学校和各个企业以及政府部分等进行友好合作，以最大限度地拓展翻译活动的实践渠道。

如果在社会上举办相应的翻译活动，那么学校就可以根据学生翻译能力的高低选拔那些较高翻译能力的学生去参与此类翻译活动。这样不仅增加了学生

---

① 关明孚，王少凯. 文化因素对培养英语翻译人才的影响——以全球化为背景［J］. 沈阳大学学报（社会科学版），2013（4）.

翻译的实践经验，还让学生可以在参与翻译实践的过程中学习更多的新知识，同时也能够让学生发现自己在翻译方面的不足，从而实现对自我翻译能力的提升。另外，学校还可以于企业建立友好的合作关系，在学校内选拔有能力的学生组建翻译团队，然后为企业提供翻译服务，这样也能够提升复合型翻译人才的质量。

（五）注重教师队伍建设

教师是构建复合型英语翻译人才培养模式的主要力量，然而当前翻译专业的教师队伍还需要进一步加强建设，因为很多教师的专业能力和实践能力无法满足新的教学要求。首先，学校可以在校内选拔优秀的教师作为重点进行培养，给教师创造外出学习和外出担任翻译的机会，这样教师的专业能力和实践能力都能够得到很大程度的提升。其次，学校可以根据自身的情况聘请校外优秀的教师到本校任职，或者是让优秀的教师来本校开设讲座，为本校的师生提供新的翻译方式。最后，学校还要加强教师队伍的梯队建设，积极引进具有丰富经验的翻译人员到本校任职，使本校的教师队伍结构与设置更为合理。构建结构合理的教师队伍，不仅有利于提升本校翻译教学质量，还有利于促进本校翻译专业的进一步发展。

参考文献

[1] 张娜, 仇桂珍. 英汉文化与英汉翻译 [M]. 成都: 电子科技大学出版社, 2017.

[2] 吴得禄. 英汉语言对比及翻译研究 [M]. 成都: 电子科技大学出版社, 2016.

[3] 秦礼峰. 中西文化差异下的英汉翻译技巧研究 [M]. 成都: 电子科技大学出版社, 2017.

[4] 吴坤. 英汉对比与译作赏析 [M]. 银川: 宁夏人民出版社, 2016.

[5] 董晓波. 英汉比较与翻译 [M]. 北京: 对外经济贸易大学出版社, 2013.

[6] 刘瑞琴, 韩淑芹, 张红. 英汉委婉语对比与翻译 [M]. 银川: 宁夏人民出版社, 2010.

[7] 张肖鹏, 吴萍. 英汉语比较与翻译 [M]. 成都: 电子科技大学出版社, 2017.

[8] 朱晓东. 英汉语篇对比与翻译 [M]. 长春: 东北师范大学出版社, 2018.

[9] 郑剑委, 范文君. 翻译思维、策略与技巧 [M]. 武汉: 武汉大学出版社, 2018.

[10] 胡蝶. 跨文化交际下的英汉翻译研究 [M]. 长春: 东北师范大学出版社, 2018.

[11] 李建军, 刘冰, 苏涛. 英汉互译技巧与艺术 [M]. 武汉: 武汉大学出版社, 2017.

[12] 廖国强, 江丽容. 实用英汉互译理论、技巧与实践 [M]. 北京: 国防工业出版社, 2011.

[13] 佟磊. 英语翻译理论与技巧研究 [M]. 长春: 东北师范大学出版社, 2017.

[14] 林莺. 中西语言文化对比研究 [M]. 武汉: 华中科技大学出版社, 2018.

[15] 闫丽君, 杨林. 英汉语言文化对比与翻译 [M]. 银川: 宁夏人民出版

社，2013.

［16］张丽红．中华文化与英语翻译研究［M］．北京：光明日报出版
社，2017.

［17］王静．跨文化视角下的英语翻译理论与实践探究［M］．长春：吉林人民
出版社，2018.

［18］田华．英汉对比与翻译［M］．沈阳：辽宁大学出版社，2018.

［19］邵志洪．英汉对比翻译导论［M］．上海：华东理工大学出版社，2010.

［20］熊兵．英汉对比与翻译导论［M］．武汉：华中师范大学出版社，2012.

［21］李建军，盛卓立．英汉语言对比与翻译［M］．武汉：武汉大学出版
社，2014.

［22］孙俊芳．英汉词汇对比与翻译［M］．北京：知识产权出版社，2016.

［23］范楠楠，李薇，黄永佳．英汉对比与翻译研究［M］．成都：四川大学出
版社，2018.

［24］赵永平．英汉对比与翻译实践［M］．延吉：延边大学出版社，2018.

［25］吕亮球．英汉对比与翻译研究［M］．北京：研究出版社，2014.

［26］程亚丽．实用英汉对比与翻译实践［M］．北京：外文出版社，2014.

［27］扈彩霞．跨文化视阈下的英汉对比与翻译研究［M］．北京：中国戏剧出
版社，2013.

［28］黄青云．英汉文化对比与翻译［M］．北京：新华出版社，2018.

［29］包磊．英汉翻译与文化对比研究［M］．哈尔滨：东北林业大学出版
社，2019.

［30］郭惠琴．英汉语言对比与翻译研究［M］．北京：北京工业大学出版
社，2019.

［31］孟燕只，沈娜．英汉语言对比与翻译［M］．成都：电子科技大学出版
社，2017.

［32］刘巍．英汉翻译对比及策略研究［M］．哈尔滨：哈尔滨工程大学出版
社，2018.

［33］岳洪锦．英汉衔接手段对比与翻译研究［M］．北京：对外经济贸易大学
出版社，2019.

［34］梅明玉．英汉语言对比分析与翻译［M］．杭州：浙江大学出版
社，2017.

［35］路洁，徐梅，朱明元．英汉语言对比与商务翻译［M］．长春：吉林教育
出版社，2017.

［36］赵晶，蔡佳．英汉委婉语对比与翻译［M］．成都：四川大学出版

社，2017.

[37] 李华钰，周颖．当代英汉语言文化对比与翻译研究［M］．长春：吉林人民出版社，2017.

[38] 李侠．英汉翻译与文化交融［M］．成都：电子科技大学出版社，2020.

[39] 李明，卢红梅．语言与翻译［M］．武汉：武汉大学出版社，2010.

[40] 宋天锡，吴文梅．英汉翻译教程［M］．武汉：武汉大学出版社，2011.

[41] 吴全生．实用英汉翻译教程［M］．成都：西南交通大学出版社，2016.

[42] 蒋德诚．英汉词汇对比研究［M］．南京：东南大学出版社，2014.

[43] 肖家燕，夏锡华，操时尧，等．新编英汉翻译教程［M］．武汉：华中师范大学出版社，2012.

[44] 何三宁．实用英汉翻译教程（修订版）［M］．南京：东南大学出版社，2009.

[45] 崔姗，韩雪．英语文化与翻译研究［M］．北京：新华出版社，2015.

[46] 杨元刚．英汉词语文化语义对比研究［M］．武汉：武汉大学出版社，2008.

[47] 王天润，黄鸣，牛小玲．实用英汉翻译教程［M］．北京：国防工业出版社，2013.

[48] 贾正传．英汉比较与翻译读本［M］．南京：南京大学出版社，2014.

[49] 白雅．英汉翻译中的修辞学研究［M］．北京：经济管理出版社，2017.

[50] 孔祥娜，李云仙．英语翻译方法与技巧演练［M］．长春：吉林美术出版社，2018.

[51] 魏在江．英汉语篇连贯认知对比研究［M］．上海：复旦大学出版社，2007.

[52] 彭萍．实用英汉对比与翻译 英汉双向［M］．北京：中央编译出版社，2009.

[53] 王武兴．英汉互译指导与篇章翻译［M］．北京：朝华出版社，2004.

[54] 何三宁，唐国跃，范勇．实用英汉翻译教程［M］．南京：东南大学出版社，2005.

[55] 李建军．新编英汉翻译［M］．上海：东华大学出版社，2004.

[56] 朱风云，谷亮．英汉文化与翻译探索［M］．北京：北京理工大学出版社，2017.

[57] 冯文坤．语言·文学·翻译研究［M］．成都：电子科技大学出版社，2016.

[58] 刘玮，夏增亮，马冬梅，等．新编英汉互译理论与实践［M］．兰州：甘肃人民出版社，2012.

［59］罗左毅．英汉实用翻译教程［M］．南京：南京大学出版社，2012.

［60］秦洪武，王克非．英汉比较与翻译［M］．北京：外语教学与研究出版社，2010.

［61］周玉忠，乔幪，李霞．英汉互译教程［M］．银川：宁夏人民教育出版社，2007.

［62］刘小云．应用翻译研究［M］．成都：电子科技大学出版社，2009.

［63］方梦之．应用翻译研究 原理、策略与技巧［M］．上海：上海外语教育出版社，2013.

［64］张全．全球化语境下的跨文化翻译研究［M］．昆明：云南大学出版社，2010.

［65］王恩科，李昕，奉霞．文化视角与翻译实践［M］．北京：国防工业出版社，2007.

［66］谭焕新．跨文化交际与英汉翻译策略研究［M］．北京：中国商业出版社，2018.

［67］胡曙中．英汉修辞跨文化研究［M］．青岛：青岛出版社，2008.

［68］张威，董娜．英汉互译策略对比与应用［M］．北京：北京语言大学出版社，2011.

［69］冯庆华．英汉翻译基础教程［M］．北京：高等教育出版社，2008.

［70］任虹．翻译引论［M］．南京：东南大学出版社，2007.

［71］兰萍．英汉文化互译教程［M］．北京：中国人民大学出版社，2010.

［72］戎林海．新编实用翻译教程［M］．上海：上海外语教育出版社，2010.

［73］蔚然，赵韶丽，杜会．当代英语翻译理论与实践的多维视角研究［M］．北京：中国商务出版社，2019.

［74］蔡荣寿，朱要霞．翻译理论与实践教程［M］．北京：中国广播电视出版社，2009.

［75］胡伟华．实用英汉翻译教程［M］．西安：西北工业大学出版社，2006.

［76］杜争鸣，陈胜利．英汉互译原理与实践教程［M］．北京：中国经济出版社，2008.

［77］白靖宇．文化与翻译（修订版）［M］．北京：中国社会科学出版社，2010.

［78］祝东江，张希萌，李华锋，等．实用英语翻译［M］．北京：北京师范大学出版社，2015.

［79］邵志洪．翻译理论、实践与评析［M］．上海：华东理工大学出版社，2003.

［80］罗菁．英汉语篇对比与翻译研究［M］．北京：新华出版社，2016.

［81］刘娜．英汉基本颜色词对比研究［M］．北京：国际广播出版社，2017.

［82］俞利军．英语翻译理论与实践论文集［M］．北京：对外经济贸易大学出版社，2009.

［83］余东．英汉翻译散论［M］．武汉：武汉大学出版社，2015.

［84］张培基．英汉翻译教程（第2版）［M］．上海：上海外语教育出版社，2018.

［85］彭俊，罗丽丽．英汉修辞对比翻译研究［M］．成都：四川大学出版社，2017.

［86］朱丽云．英汉语言多维对比与翻译探析［M］．北京：中国商务出版社，2017.

［87］李军胜．英汉语言文化对比与翻译研究［M］．北京：地质出版社，2016.

［88］杨友玉．英汉文化的对比与翻译探析［M］．北京：地质出版社，2015.

［89］陈莉．中西旅游文化与翻译研究［M］．北京：中国商务出版社，2018.

［90］李雯，吴丹，付瑶．跨文化视阈中的英汉翻译研究［M］．长沙：湖南师范大学出版社，2018.

［91］阮榕榕．中外文化翻译教学与实践研究［M］．长春：吉林人民出版社，2019.

［92］于晓红．翻译研究的二维透视［M］．徐州：中国矿业大学出版社，2018.

［93］肖红．文艺视阈下翻译的多向度研究［M］．北京：新华出版社，2020.

［94］刘春华．实用文体英汉互译教程［M］．武汉：武汉大学出版社，2019.

［95］陈璐，罗颖，汪银萍．英汉文化翻译教学与实践研究［M］．广州：广东旅游出版社，2021.

［96］李雪芹．基于文化视角的英汉翻译探究［M］．天津：天津科学技术出版社，2019.

［97］张秀萍．英汉新词研究［M］．北京：中国商务出版社，2011.

［98］关丽，王涛．英汉语言对比与互译指南［M］．哈尔滨：东北林业大学出版社，2008.

［99］杨芊．跨文化视野下的英汉比较与翻译研究［M］．长春：吉林人民出版社，2020.